THE MAGIC LADDER TO SUCCESS

全新增订版

成功魔梯

令财富进阶的17条魔力法则

[美] 拿破仑·希尔 著
（Napoleon Hill）
[美] 帕特里夏·霍兰 增订 龚思齐 译
（Patricia G. Horan）

CNS PUBLISHING & MEDIA
湖南文艺出版社 HUNAN LITERATURE AND ART PUBLISHING HOUSE
博集天卷 CS-BOOKY

致谢

Acknowledgements

本书总结并分析了超过 100 个在各自行业领域内取得了巨大成就的成功人士的人生故事。同时也对超过 2 万个失败案例进行了汇总分析。

在分析研究的过程中，通过与研究对象本人的面对面交流或是阅读对方的著作，我获得了大量极具价值的资料，在此应向各位致以最诚挚的谢意，名单如下：亨利·福特、约翰·伯勒斯、卢瑟·伯班克、托马斯·爱迪生、哈维·塞缪尔·费尔斯通、约翰·洛克菲勒、查尔斯·施瓦布、伍德罗·威尔逊、威廉·里格利、拉斯克·法林、约翰·沃纳梅克、马歇尔·菲尔德、威廉·霍华德·塔夫脱、伍尔沃斯、乔治·伊士曼、查尔斯·普罗蒂厄斯·斯坦梅茨、西奥多·罗斯福以及亚历山大·格雷厄姆·贝尔。

在所有需要致谢的人当中，亨利·福特和安德鲁·卡内基对本书的贡献尤其值得一提。最开始就是在卡内基先生的建议下，我才受到启发想要写作本书。亨利·福特则以自己的真实人生经历为本书提供了最为丰富的写作素材，可以说，他的一生恰好就从另一角度论证了本书所提倡的理论的合理性。

——拿破仑·希尔

目录

contents

伟大的个人能力来源于能够将有着共同目标的人会聚到一起，像弹钢琴一样，让他们各司其职，发扬团队精神，为着共同的、明确的目标而齐头并进。

人类的大脑思想有时就好像是在内部藏了一块磁铁，它能始终牢牢吸住别人大脑里的某个主导思想，尤其是那些可以构筑出某个主要目标或是主要目的的思想。

怀疑者都绝不会成为创造者！

一个明确的目标是所有伟大成就的起点，而自信则是驱使并引导一个人将他的目标变为现实的隐性动力。

如果一个人没有储蓄的习惯，他就不可能善于保护自己的财产并让自己的财产增值，而这样的人能否建立起最高程度的自信呢？我们恐怕都会持怀疑态度。

地球上的人一般都可以被分成两大类。一类就是我们所说的领导者，而另一类就是被领导的人，也就是追随者。

一个人的所得不仅跟他的所知有关，更重要的应该是他能利用自己的知识做些什么，或者是他能号召别人去做些什么。

想象力作为一种才能，没有固定的价格或价值。它是我们心灵中最重要的能力，因为它能作为一种驱动力驱使我们拿出行动来，将自己的想象变为现实。

热情作为一种驱动力，不光能带来更多的权力，而且还非常具有感染力，能够深深影响身边的每一个人。热情可以让一个人跳脱出枯燥沉闷的工作情绪，提高他的工作积极性。

每个成功人士都必须具备一个能让自己的情绪保持在平衡状态的“摆轮”。

想要在生活中获得成功，很大程度上需要你能与他人进行气氛和谐的谈判，这就需要你具备足够的自控能力。

作素材的时候，我无意于创建出这一整套成功学学说，也就是现在你手上这本书里所说的这些东西。我最初的愿望仅仅是想告诉读者们那些富人都是怎样致富的，好方便他们去效仿。

但随着研究的深入，我发现自己对知识的渴望远大于对财富的渴望。我这份新的渴望不断成长壮大，以至于到后来，我几乎忘记了自己最初的动机——纯粹的金钱收入。

除了继母对我的影响外，因为有幸结识了亚历山大·格雷厄姆·贝尔和安德鲁·卡内基这样的大人物，他们的一言一行对我的事业产生了深远的影响，而且他们还在我探寻成功秘诀的道路上为我提供了大量的科学资料。

之后，我遇到了更多高层次的成功人士，他们始终都在激励着我，让我最终能够将自己的这套成功学说创立起来，而他们自身丰富的人生经历也让我受益至今。

成功与失败之间的差别，通常来说（也可能不是，但通常这一说法还是可行的）取决于某一特定环境，而这个环境通常又能追溯到某个具体的人身上去。对此我能举出很多例子，而且我对这一观点可以说深以为然。

以我个人为例，我觉得继母就是我的福星。

如果当初不是她将改变命运的想法植入我幼小的身体，我怎么敢去想象某天我能著书立说，某天我的学说能传播到世界各地，并且我的一点建议还能够给予那么多人源源不断的力量呢？

当我总结的成功法则尚处于摸索阶段、尚未正式结集出版的时候，作为我的人生计划之一，我将它们贯穿进我的演讲，已经向不少于 10 万人公开演讲过了。我把这也作为一项实验，用以丰富我的数据库。据我所知，尽管之前他们当中的很多人其实已经心灰意懒，但仍能从我的演讲中发现（或重拾）自己的雄心壮志并付诸实践，而且最终成功获得了财富。

成功法则已经被翻译成了多国语言并在全世界流传开来。数以百万计的人都因此燃起了熊熊斗志，奋力与贫困对抗，奋力去获取自己想要的生活。此外，现在这个时代，在 17 条成功法则的召唤下，在实践的证明下，已经有越来越多的人坚信我的成功理论。在取得现有成功的基础上，更多的人则萌生出了对更高层次成功的渴望，对更高个人成就的追求！

回首过去，我曾遭遇过很多的争斗、苦难、贫穷和失败，但在帮助他人去获取喜悦与财富之后，我所收获的欢乐早已将那些痛苦通通抵消！我还有什么不知足的呢！

不久前，我收到了一封来自美国前总统的信，他在信中祝贺我能将一份事业做足 25 年，还诚挚建议我一定要充满自豪地去摘取我的成功果实，他夸赞道，正是我的辛勤劳动，最终让我登上了成功巅峰。他的这封信引发了我的沉思，我觉得一个人如果一直在学习的话，那么他就永远都不能说自己“登顶”了，因为一旦你征服了眼前这座高山，很快你就会发现，远方一定还会有座更高的大山在等待着你！

所以我要说“不”，我还没有“登顶”。拥有一定数量的物质财富就能让我感觉自己很幸福，而如果我能服务他人、帮助他人努力去达成他们各自的目标，那种快乐绝对是物质的丰裕所无法带给我的。所以相比拥有巨大的财富，我更愿意去尽自己所能，努力传播我的成功学说，让它去帮助更多的人致富，只有这样的成功，才是真正的成功！

拿破仑·希尔

阅前准备

Before Reading

在你翻开这本书之前，请先准备好一支铅笔和一张纸。

不要试图将本书当作睡前读物！

准备好了吗？在你之前，有几百万人可以做证，这本书将会给你的思想带来一些全新的、非常重要的启示。他们当中有很多人在看过本书后获益匪浅，发明家会惊异于自己脑海中又冒出了更多、更新鲜的灵感；演说家能让自己的陈述更富有感染力；经商的人则会看到生活中更多的商机，而且还因为受到启发，很多有经商想法的人也纷纷行动起来，将自己的想法变成现实。

其实，我总结出的这套成功法则更像是一块磁铁——专门吸引大家那些高明的主意、绝妙的想法的磁铁！

本书真正的价值并不在它的字里行间，并不在它的字面上，而在于读者阅读之后的反应。我总结出这套成功法则的主要目的，就在于帮助你们激发出想象力，让你们在面对日常生活、工作时能够拥有更多新鲜而有创意的念头。我相信，如果我的读者们都能够将自己的想法表达出来、凝聚起来，那将会是一股伟大的、汹涌的、能改变社会的力量！

当你在阅读本书的时候，一旦有哪句话给了你启示，让你产生了一些自己的想法，请务必将它画出来，或是做个标记。这个方法有助于加深你的印象，让你的想法不至于稍纵即逝。如果你仅仅阅读本书一遍的话，那可以肯定的是，你根本无法体会出它想表达的全部主题。所以请你务必多读几遍，而且每次阅读时，都请用上我推荐的标记方法，这样才能记录下你所获得的每一个新启发，每一个新的思想火花。

按照上述阅读方法，你便能发现人类在思维方式上的一个伟大奥秘。经验证明，直接经验，即自己亲身去获取的经验，通常更容易转化为你自身的思想储备。所以在阅读并学习成功法则的时候，它能提供给你的其实只是一个暗示、一条线索，想要真正去发掘成功的秘密，你还是需要靠自己去深刻领悟。

本书多年的成功经验都证明，只有我上面介绍的学习方法，才能最有效地指引你通往成功之路并最终为你开启成功大门。除此之外，别无他法。

17 条成功法则

当你可以在不损害他人利益的前提下，获取所有你想要的东西的时候，你便可以说是拥有了权力——真正的权力。

现在你正学习的课程就列举了一些简单的法则来帮助你获得成功。不必讶异，这些法则正是取材于已经获得了权力的那些成功人士。这些法则不仅在商业领域非常有价值，即使是在其他领域，它们也可以用来帮助妥善解决各类财务危机。

想要合理、合法、和谐地拥有权力，你需要具备的成功因素加起来共有以下 17 条：

1. 智囊
2. 目标明确
3. 自信
4. 储蓄
5. 主动性与领导能力
6. 想象力
7. 热情
8. 自控力
9. “只管耕耘，莫问收获”的习惯
10. 令人愉悦的个性
11. 正确思考
12. 精力集中

13. 团结协作
14. 失败乃成功之母
15. 宽容
16. 利用黄金定律去赢得合作机会
17. 健康的生活习惯

下面，就让我们来完整分析一下这17条能带你走向成功的法则吧！

第　一　章

成功第1阶：智　囊

伟大的个人能力来源于能够将有着共同目标的人会聚到一起，像弹钢琴一样，让他们各司其职，发扬团队精神，为着共同的、明确的目标而齐头并进。

成功法则中的“智囊”，也可以解释为某种复杂的思想，它可以包括两个甚至更多个想法，但所有这些想法都指向一个共同的目标——彼此**互不干扰、和谐共生。**

请始终牢记“成功”的定义，它是对权力渴望的结果，这样，你便能更快、更直观地体会到“智囊”这一名词的含义。很显然，它指的就是两种或多种思想火花的综合体，它们糅合在一起，你我不分，精诚合作，共同指向同一个目标，它能帮助你激发出难以想象的巨大能量。

所有的成功都源自对权力的渴望。然而一个人获得成功的最基本的出发点，可能最初也只是致力于满足某种特定的欲望，达到某个明确的目标。

就像一棵高大的橡树，它最初也不过是颗小小的橡子。成功也一样，它最初可能也只是某种强烈的愿望。这个强烈的愿望一旦被释放出来，它便能迅速成长壮大，演变成某种愿景，接着你就会着手制订工作计划，不断增强信心与勇气，继而拿出切实可行的行动。总之，就是在这样一种智囊的作用下，你才会为了完成自己的计划、目标而努力奋斗。

渴望，而不是愿望

渴望，是人类所有行动的出发点。对除自身之外的所有其他事物的渴望一直存在于人类心底，一旦得到某种刺激，它就会受到鼓舞，迅速成长壮大，敦促着你用行动来将它变为现实。我在前面所说的“刺激物”，在后面，我会将它们列举出来，它们也算得上本书所描述的成功法则的一部分。

一个人有时候越是因为受限制而得不到什么，他就会越想去得到那个东西，其实这个说法也不是没有道理。任何一个心存渴望的人，都会在受到某种刺激的情况下，对他/她所渴望的东西产生超过正常水平的狂热追求。对此，我们必须要说明的是，愿望与这种渴望是截然不同的两种心态。愿望只是一种被动性质的欲望。只有那种强烈的欲望，也就是我们所说的**渴望，才能转化为强大的行动力，**才能驱使一个人去制订出周详的行动计划，并将这些计划付诸实践。可惜社会上大多数人仅仅是停留在了“愿望”阶段而已。

驱动力

所谓“驱动力”，就是前文中我提到的“刺激物”——它也可以说是我们人类所有活动的起点。下面，我就列出最基本的八个：

1. 对自我保护的需求
2. 对性的渴望
3. 对财富的渴望

4. 对生命轮回的渴望

5. 对名誉和权力的渴望

6. 对爱的渴望（与对性的渴望不同）

7. 对复仇的渴望（思想不够成熟的特征之一）

8. 自我放纵

人们的行为通常都是受到了上述一个或多个基本驱动力的影响。**只有受到了明确的驱动力的驱使，人的想象力才能得到进一步释放，大脑思考才会变得异常活跃。**很多优秀的销售人员就意识到了这一点。作为一名销售人员，如果他无从知晓这一心理机制的话，我看他是永远都没有机会成功了。

什么是推销术？它其实就是通过传输某个想法、计划或建议，让消费者产生强烈的购物欲望，从而达成销售目的。对于尚未产生购物欲望的人，一个优秀的销售人员是绝对不会要求对方去买他的东西的，当然更不会去直接问人家为什么不买他的东西。

自己的商品价值以及售前售后的服务都不足以保证销售成功。这里面必须包含着消费者自身的强烈购物动机，只有它，才能促使消费者去买你的东西。最有效的销售方案应该是充分理解我上面所列的八个驱动力要素，使出浑身解数通过发挥它们的功用来打动消费者。而最佳方案，则是想办法将这些因素转化成消费者的强烈购物欲望，让他们主动去购买。

上述八个基本驱动力不光可以用来影响他人的思想与行动，它们维能力，它一般是通过思考来获取的。思维能力是你接受过系统教育的结果，从你是否能制订出周详的计划并严格按计划执行，就能看出你在这方面的能力高低。**思考、制订计划以及将之付诸实践的能力是一个人全部思维能力的基础。**

另一种则是自然能力。它是通过自然法则来体现的，具体形式如电能、重力、蒸汽压力等。在本章中，我们将同时对思维能力和自然能力进行分析，同时对两者之间的关系进行解读。

知识，这是一个需要单列出来的词，它不属于能力。伟大的个人能力来源于能够将有着共同目标的人会聚到一起，像弹钢琴一样，让他们各司其职，发扬团队精神，为着共同的、明确的目标而齐头并进。

自然能力的本质

人类整体认识水平的高低，通常会被视为社会“文明开化”程度的评价标准。在人类目前已知的知识中，我们发现有 80 种以上已被登记在册的物质可以被视作构成宇宙所有物质的基本要素。

通过研究、分析和极度精确的测量，科学家们发现了宇宙中一些“非常大”的物质，它们以行星、太阳等物质为代表，它们当中有些物质相比我们所生存的“小小”地球，可能会大几百万倍！

而另一方面，构成我们这个宇宙的一些“非常小”的物质形式也陆续被发现，它们都是将那些基本物质构成要素继续分解而得来的产物，如分子、原子、电子以及其他更小的物质。电子是肉眼不可见的，它是一个力的中心，这个中心具有正向与反向的力。

分子、原子、电子及其他

在对人类已经获得的知识进行了一番收集、整理和分类后，为了更好地理解和运用它们，让学生们从最小、最简单的物质开始学习就显得尤为必要了。

大自然是怎样利用那些物质构建出整个宇宙的呢？下面我们就来进行一次入门级别的学习。

分子是由原子组成的，原子也被认为是肉眼不可见的，但它们可以进一步分解为电子、质子和中子。前面我们提到过，电子的本质不过是两种形式的力。每个电子的种类、大小和性质都是一致的。因此，无论是一粒沙还是一滴水，它们的形态也许各不相同，但它们所反映出的宇宙物质的运行原理却是一样的。

看！多么令人惊叹啊！下次当你用餐的时候，你就可以算算其实你吃下了多少东西！你吃进肚子里的每一种食物、你所使用的餐具以及用来盛放餐具的桌子等一切，在对这些物体进行微观分析的时候你会发现，原来，它们居然都是由一些看不见的物质组成的！

在物理世界中，无论是天空中看上去巨大无比的星体，还是地球上的一粒细沙，它们当中任何一种，如果你拿来观察的话，你会发现，它们都不过是一些始终在以某种不可思议的速度不停旋转的分子、原子、电子以及其他更小的物质。

物理世界中的一切物质始终都保持着高速的运动状态。尽管在我们的肉眼看来，很多物质是静止不动的，但其实，没有任何一种物质是静止的。所谓的“固体”是不存在的。最坚硬的钢铁，同样是由大量其内部始终在不停旋转的铁原子构成的。进一步来讲，构成金属的电子，它们的性质也都一样，但是因为所组成的原子不同，它们就会构成诸如金、银、铜、锡等各不相同的金属物质。

上述100多种构成宇宙间所有物质的元素都各不相同。它们之所以不同，就是因为构成它们的原子都是不一样的。这些原子中的电子通常都一样，它们都带有一种特定的负电荷，在碰上带有正电荷的质子和不带电的中子的时候，因为电荷的碰撞，它们就能构成许多种互不相同的元素了。

尽管化学研究显示，物质可以被分解，但构成这些物质的原子是不会改变的。下面我们就来看看现代化学是如何解释物质的变化的：

“将四个电子（两个带正电、两个带负电）加入氢原子中，就形成了锂元素；从锂元素（由三个带正电的电子和三个带负电的电子组成）中分别提出一个带正电的电子和一个带负电的电子，那么就有了一个氦原子（它由两个带正电的电子和两个带负电的电子组成）。”

由此可以看出，宇宙中那近百种不同的构成元素之所以不同，归根结底，原因就在于组成它们的原子中所包含的电子。电子在数量和排列方法上的不同，就构成了元素成分间的差别。

举个例子，一个汞原子的原子核中包含了 80 个正电荷（质子）和 80 个负电荷（电子）。如果有化学家能将其中两个正电荷取出来的话，那么它就会立即变身为我们所知的铂金金属。如果这还不算完，这位化学家又继续从开始那个汞原子中取出一个（“游离的”）带负电荷的电子的话，也就是说，已经拿走了两个正电子和一个负电子，正负抵消，我们手上还多了一个正电子。那么，如果把它放回最初的那个汞原子的原子核中，它里面便有了 79 个正电子和 79 个负电子，这个汞原子便转身变成了金元素！

正如今天的化学家们一样，这种物质的电子变化方法，可能也就是古往今来的炼金术士们穷尽一生精力都在研究的东西吧！

在现代文明社会中，每个化学家都知道，只需要四种原子，我们就能用它们来合成无数种物质。它们就是氢原子、氧原子、氮原子和碳原子。

一些有才华的思想家曾认为，在我们所生存的这个地球上，所有的地球物质最初都是由两种原子相互碰撞而形成的，之后在地球几百万年的沧海桑田变幻之间，经过与其他原子的整合与积累，才逐步形成了今日我们所见的地球。他们觉得地球上那些煤矿、铁矿、金银矿以及铜矿等矿藏的分布就能充分论证这一观点。

他们还指出，随着地球在宇宙间的旋转，受到磁极影响，它会与多种不同的星体发生摩擦、接触，从而造就了地表上的不同地貌景观。尽管目前没有一个明确的证据可以支持这一理论，但是从地貌上来看，也不是没有可能。

我们举出上述例子，依然是想证明物质并非仅是我们肉眼所见的东西，它还会是更小、更微观的粒子，以这一事实为起点，我们才能知道怎样去发现、发展并运用好能力法则。

我们已经知道了，所有的物质都会保持在一种恒定的振动或是运动状态。分子是由原子构成的，再往下分解，原子则是由原子核和快速移动的电子构成的。

物质的振动原理

每一个物质微粒都会受到一种看不见的力量的驱动，使得组成它的原子始终都在以一种不可思议的速度运动着。

我们把它称为振动。有些研究人员相信，宇宙间所有不同物体受这种作用力（或者你给它取个其他的名字也行）的影响所产生的不同运动速率就决定了它们各自的物理特性。

有一种振动的速率被我们称为声音。人类的耳朵所能听到的声音，它的振动速率通常在 32000 次 / 秒到 38000 次 / 秒之间。

如果物质的运动速率超过了所谓的声音的话，那么它将会以热度的形式表现出来，其运动速率在 150 万次 / 秒以上。

再往上提高这个取值范围的话，振动将会制造出光线。300万次/秒的振动就会形成强光。这个数值再往上加的话，就是紫外线（肉眼无法看到）和其他一些无形的辐射了。

这个振动的取值范围如果再继续提高的话，还能够提高到哪个水平线，目前还没有人知道，从某个方面可以这样说，是振动创造了人类的思维能力。

我认为，无论物质的振动速率创造出了什么已知的能量形式，它们的本质其实是相通的：声音中“游离”的那部分物质与光线中的“游离”部分其实属于同一种物质，声音与光线之间只存在内部微粒振动速率的差别。同样，思想中的“游离”部分与声音、热量、光线的“游离”部分在本质上也是一样的，彼此只有振动速率各不相同而已。

无论是地球还是宇宙中的其他星球，所有的物质都有且只有一种基本构成物质，所以，应该是“游离”的这部分能量使得世间所有物质都能保持在一种恒定的快速运动状态。

空气与大气

空气是地球上所有动植物赖以生存的基本物质，它主要由氧气和氮气组成，离开空气，所有的生命都将不复存在。氮气是植物生存所必需的一种物质，而氧气则是人类和动物的生命支柱。在高山的山顶附近，空气都是非常轻的，因为里面的氮气含量非常低，这就是一座山的海拔越高，它上面的植物就越矮小的原因。高海拔地区通常都不适合植物的生长。另外，这些很“轻”的空气中则包含着更高浓度的氧气，这也是结核病患者总会被送往高海拔地区进行疗养的原因。

这些科学物质与你和你的人生目标又会有什么关联呢？不要着急，很快你就会发现，这些东西其实就是成功学的基础，它们就是有可能会引领你实现自己人生目标的重要物质。

不要对你现在所读到的这些叫人提不起兴趣的科学知识感到失望。如果你是在用心寻找你体内所蕴含的潜能，想要学会如何去将这些潜能激发出来并运用自如的话，你就必须带着你的决心、耐心和对成功的渴望去认真地积累和消化这些知识。

大脑是一台收发两用的无线电机

毫无疑问，振动是所有精神动力和思想的基本构成要素，亚历山大·格雷厄姆·贝尔可以说是振动学方面当仁不让的世界级权威人士。下面这几段话就是我们这位电话的发明者所写的，这些话从当时被记录下来一直到今天都是非常有科学价值的。

“试想一下，假如在一个黑暗的房间里，你有一根可以敲出任何频率的声音的小铁棒。最开始，如果这根铁棒振动得很慢很慢，那么它的振动带给你的可能只有一种感觉——触觉。随着振动频率的增加，它将会发出一种低沉的声音，这时，除了触觉，你的听觉将发挥作用。

“当这个振动频率增加到 32000 次 / 秒的时候，它的声音就会是又大又刺耳了，但是到达 4 万次 / 秒的时候，你反而听不到任何声音了，这根铁棒的振动你也将无法通过触觉感受到。它的运动将无法被普通人类所感知。

“从这时直到 150 万次 / 秒的振动，我们都是无法感知到其中的振动变化的。如果到达了这一阶段的话，振动首次将会通过温度的形式表现出来，接着，通过肉眼可以看到，这根铁棒会越变越红，越变越热。当它的振动频率高达 300 万次 / 秒的时候，它会转化为强光。要再继续增加频率的话，它还会变成紫外线和其他我们看不见的辐射，这时我们就只能靠仪器去观测了。

“那么从这个实验中我就想到，一定有很多种振动是普通人的感官无法听到、看到或感觉到的，而这些振动的影响力是相当巨大的，两者中间其实是存在很大的一片空白地带的！首先我们发明了无线电来消除这片空白地带，但这片地带实在太过广阔，一定还有其他东西能用来填充它。你必须发明出像无线电这样的新机器来帮助人类感知到更多。

“可以这么说，当你想到那片巨大的空白地带的时候，你会想进一步去探索一下，真的会有比无线电更先进、更能被人类所利用的振动形式吗？在我看来，在这片空白地带中，应该是存在这么一种振动形式的，它的运行原理大概就跟人类在思考时大脑与脑细胞之间的联系差不多。但这同时也说明了接下来的一件事，那就是：这种振动形式的振动频率很可能比能够产生紫外线的振动频率还要高得多。”

当思想能够直接与思想对话

“我们需要用一根电线来传播这种振动吗？就像无线电一样，也许根本用不着电线，它也一样能够将消息传递出去呢？它将如何让接收者感知到呢？对方听到的会不会只是一串信号，或者，他会发现另一个人的想法已经直接钻进了他的大脑呢？

“基于对无线电的了解，我们很容易沉迷于某种猜测，那就是我之前所提出来的那一系列振动理论，我们觉得在理论上，所有频率的振动一定都是客观存在的。如果思想波与无线电波类似的话，那么它们也一定能通过大脑向我们周遭的世界、向宇宙空间源源不断地发送出去。人的身体、骨骼以及其他一些固体障碍物应该都无法阻碍它们的传播，同样，在人体之外的现实世界中，其他所有物质无论多么坚固致密，它们都可以视若无物，畅通无阻。

“你要问，如果这些想法其实都是来自其他人的脑中，而并非我们自己的想法，那么我们会不会就此产生一种自己的想法被干扰了或者是大脑一片混乱的感觉呢？

“那你怎么知道别人的想法是否正在影响着你呢？我早就注意到自己的想法会受到别人的影响这一事实了，但对此我一直无法做出解释。举个例子，面对观众的时候，演讲者有时会感觉自己灵感迸发，有时会感觉整个会场的氛围无聊透顶，让自己提不起一丁点讲话的兴趣。这种经历我自己就体会过很多次，至今也无法弄清引起这种情况的物理原因。

“在我看来，现在的很多科学研究都已经预示了，在不远的将来，人们能够直接阅读对方的思想。不需要通过过多的语言、书写以及其他各种目前已知的沟通手法，人们就可以将自己的思想直接输入他人的大脑，彼此之间进行沟通交流。要知道，通常来说，将想法变成现实是一件有利可图的事，而这个想法到底是出于你的原创还是从他人那里获取来的，这两者之间的差别却可以小到忽略不计。

“如此说来，期待着某天我们可以不通过眼睛就能张望，不通过耳朵就能聆听，不需要唇舌就能交谈，这也不可谓不合理。

“主说，思想之间能够直接进行沟通的理论基础就是思想或者生命的实质其实是某种电流干扰。同无线电波一样，在远距离情况下，这种电流同样可以通过导线或其他某些导体进行信号的接收和发送。

“在支持这一理论的前提下进行类推，你就会发现，思想就是一种电干扰。神经就同大脑一样，是一种非常好的电导体。当我们第一次对一个死去的人的神经进行电击时，一种令我们震惊又讶异的情况出现了：他居然坐了起来，并能够抖动！如同活人一样，神经通过被电击，一样可以引发人体的肌肉收缩反应！”

思想即电流

“神经对肌肉的影响就如同电流作用于电磁铁一般。将一根通了电的铁棒向右放置，然后将它作用于肌肉，受某种看不见的力量的影响，电流会贯通于神经，接着我们就会看到肌肉中的纤维组织都是向右排列的。

“很多理由都可以用来说明，为什么思想和生命会是一种与电的性质相同的东西。电流被认为是一种空气的波动，空气则充斥于我们所处的这个空间，它环绕在地球上所有的物质周围。为什么一定与空气有关呢？因为离开了空气，电流在真空中便无法传输；离开了空气，阳光也无法照耀到地球上。出于相似的波动，于是就产生了思想和生命力这一现象。对此说法，我们认为它也是不无道理的。我们假设脑细胞就是电池，那么它所产生的电流就通过神经流通。

“但我们的研究到此就结束了吗？这种电流是否一直就在我们的身体里传输，只是我们的身体感官尚未察觉到呢？无线电波不就是这样吗，在赫兹和其他一些相关发现被证明出来之前，它一直就客观存在啊！”

在这位作者看来，**每个人的大脑其实都是一个思想振动频率的发射站和接收站**。对此结论，至少他本人是非常满意的。

如果他的理论被证明是事实的话，那么我们就能研究出某种能够合理控制大脑的方法，那么这一机制就能帮助我们合理地收集、分类以及组织自己所获得的知识。试想，如果这一假想能成为现实的话，那么作为人类，我们得多震撼啊！

托马斯·潘恩曾是美国大革命时期的伟大思想家之一。无论是在大革命开始时期还是末期，我们都能从他身上看到比别人更多的人生可能性。正是因为他那聪敏过人的头脑，《独立宣言》才得以起草，《独立宣言》的签署人才能将这份文件的内容变成现实。

谁的思想使潘恩成为天才

在谈到他渊博的知识时，潘恩是这样描述的：

“任何一个用观察自身的方法来观察人类思维状态的进步者，通常都很难但又必须认识到，所谓的‘思想’其实应该分为泾渭分明的两大类：一类是通过我们的思考行为总结得来的直接认识，另一类则是通过学习获得的间接认识。在尽自己所能的情况下，我总是尽量去礼貌对待所有参与我的实验的志愿者，小心谨慎地进行实验。正是从这些人身上，我才收集到了所有我想要的实验数据。观察那些通过接受学校教育以获取知识的人时，我发现学校其实就像一个小型的集散中心，它可以把一个人带到学习的入口，教会他学习的方法，为他今后自主获取知识打下基础。说到底，每个人其实都是自己的老师，原因在哪里呢？原因就在于，如果你不能身临其境的话，你就无法对自己的所见、所思、所想留下深刻印象。所有知识的落脚点都是理解，如果不能深刻理解的话，那么没多久你就会忘记它们的。”

在上面的这段话里，美国这位伟大的爱国者和哲学家的言辞中时不时提到的学习现象是我们每个人都会经历到的。人们的思想甚至一整套对事物的认识是可以从外部“获取”而来的——如果你仍然没能解读出上述绝对性证据，那我只能深表遗憾了。

除了空气，人们还能找出哪种传输介质？目前，在人们所有已知的振动形式中，即声音、光以及热中，空气就是它们的传输介质。那么，为什么空气不可以成为思想振动的传输介质呢？

所有的思想都是相通的

每个人的思想或是大脑，都是直接与其他人的大脑相通的。任何一个人的脑海中释放出的想法，很可能马上就会被其他人的大脑所接收并得到他想要的解读。我认为这一事实正如 H_2O 这一化学式指的就是水一样让人坚信不疑。

我相信，任何一个人的大脑所释放出的思想振动其实是一种处于运动状态的波长，它们在空气中被其他人接收。这种波的长度取决于释放思想的那股能量的强度。这些振动始终是处于运动状态的，所以我们才会说，有一种或是多种思想在“进入”某人的脑海。他人释放出的思想振动通过直接、即时的大脑间的接触成为我们获取知识的另一个来源。

如果这一理论是事实的话，毫不夸张地说，我们所谓的这个浩瀚无垠的宇宙空间，实际上也不过是一座包含着所有人类思想的图书馆而已。

这也是我们本章最重要的基础知识点之一。

根据科学家的研究，大多数对人类有用的知识都已被保存并准确记录在了大自然的“圣经”——地球当中。回翻这本业已成形的“圣经”，我们便可以阅读到在人类文明产生之前，地球上曾经上演过多少艰苦卓绝的斗争。这本“圣经”是由构成地球和其他行星的物理元素以及包围着所有物质的空气所组成的。回看刻写在岩层和地球表面上的这本“圣经”，通过那些骨头、骨架、足印，还有其他一些确凿证据，我们能看到每个地球进化时期的动物行迹和进化史。那些证据都是显而易见、准确无误的。地球上巨大的岩层就是造物主与人类之间交流的见证。远在人类获得思维能力之前，这本“地球圣经”就已经开始书写了——实际上，早于生命体到达变形虫阶段，这本书就已经开始落笔了。

地球这本书的变化是超越人类力量而存在的。此外，它选择了最通用的语言来讲述自己的故事。

振动、电波以及思想

尽管我们早已将之视作理所当然，但我们仍然不能无视日常生活中的所有奇迹。我们的祖先绝对想不到，今日一种普通的振动，如人类的声音，仅仅是通过一块薄薄的金属就能被转化为无线电波传递到远方的家里去。来自四面八方的声音如果能以光速，即约 186000 英里 / 秒的速度进行振动的话，就能产生电波。同样的道理，我们的电视机在接收到无线电波后就能将它们转化为声音和图像进行输出。我们的电话能通过内置的接收器将电波信号传递给一块电磁铁，使得钢膜片振动从而发出声音。

这些运用声音振动的瞬时传输原理而发明出来的日常生活用品，都大大方便了现代人之间的思想交流，让彼此间思想的振动更为直接、真实。

智囊：1+1=3

现在，就让我们一起来用另一种方法收集、分类并组织一下与成功的必要条件相关的知识吧。如果你能将两种思想进行整合从而得到第三种思想，那么我接下来要说的就是这第三种思想——智囊。

我们第一次听到智囊这个词，应该源自历史上最有金钱与权势的人——安德鲁·卡内基。它是一个抽象的原则，指的是**努力将一方的思想作用于其他更多人的思想。**

思想是由充斥于宇宙的相似能量构成的。我就是相信上述论调的普通人当中的一个。但确实所有人的思想又是各不相同的，由于吸引力和对立程度的不同，人们的思想很容易相互间发生碰撞乃至冲突。

有些人能够很自然地互相接受，“一见钟情”很显然就是这类感觉的结果。大家都应该有过这样的经历吧？还有另一种情况就是天生反感，有些人第一次见面就能感觉到彼此间的反感，甚至不用开口讲一个字，就会出现“相看两厌”的结果。在这种情况下，爱与恨产生的原因可以说是无迹可寻的。不管原因如何，人与人之间似乎就存在某种切实的化学反应，反应的结果就两种，一种是彼此间相悦，另一种则是彼此间互相看不顺眼。

即使是对尚未入门的观察者来说，“两种思想的相遇”会产生某种影响也是完全显而易见的。像其他所有事一样，这种影响也一定会有个产生原因，而且这种影响存在于另一个全新的领域中，它是由上述两种思想的相遇和碰撞而被创造出来的。对前面两种思想来说，因为这次相遇和碰撞，它们也将不同于最初的自己、相遇前的自己。

这种反应会发生在所有的事情上，这一点我们是可以确定的。那么当我们想要来解释“智囊”这个名词的时候，我们就有了一个出发点。

当两种或两种以上的思想能够相生相融、和谐发展、共同促进的时候，智囊很可能就会被激发出来。通过这种和谐的思维整合，思想间的化学反应就会催生出更多的想法，并被之前的一种或多种独立想法所用。如果之前独立存在的思想能一直友好和谐地作用于彼此的话，智囊也会一直存在并始终发挥出自己的作用。而一旦上述关系瓦解，智囊也会跟着分崩离析，断然不会再生出来。

这一思想间的化学反应原则就是引起所有“心灵伴侣”的相遇和“死对头”间的死磕的基础以及根本原因。在离婚法庭、小报和丑闻之外的地方，那些戏剧般的场景也正是伟大自然法则存在的证据。

在现在这个文明世界中，很多人都知道，婚后一到两年甚至是三年期间，夫妻双方的分歧和争吵都会非常多，这通常无法避免。我们称之为“婚姻磨合期”。如果婚姻关系在此期间能够持续存在的话，夫妻双方便能很好地适应彼此，白头偕老的概率也相当高。而对没有经历过婚姻的人来说，他们可能就不会认同这一事实。为什么会有否定的声音出现呢？因为他们不理解上述现象出现的原因。

说到原因，在婚姻初期，即磨合期内，夫妻双方的化学反应可以说是两种思想在非常缓慢地走向和谐。当他们初次见面的时候，两种思想的心理反应可能是既不会非常友好，也不会互相看不顺眼。通过后面的接触，他们就会各自做出相应的调整，最终达到一种和谐的状态。夫妻间存在公开的敌意则只能算是非常罕见的例子了。

众所周知，一名男性和一名女性在共同生活 10—15 年后，尽管两人之间也许看不到有所谓爱情存在的细微证据，但他们早已是彼此不可缺失的亲密伴侣。而且，这种陪伴和性关系不光会使彼此间更具亲和力，而且会使得两个人在外貌上也越来越相似，其他一些明显的行为方式也会趋同。在知道了谁是丈夫之后，任何一名合格的人性分析师都能很轻易地从陌生的人群中将他的妻子指出来。两个人在婚姻中相处得越久，彼此的眼神、脸形和声调就会越相似，越容易被辨认。

任何一个经验丰富的公开演说家都可以迅速解读台下的观众是否能接受自己在台上的讲演，他们依靠的就是人类思想间产生的化学反应的神奇力量。如果这个演说家深谙如何“感知”抵触情绪之道的话，那么即使台下有 1000 名观众，他也能立马辨识出其中那个对自己有抵触情绪的人。而且，根本不需要通过观察或是其他的方式，仅仅是依靠观众席中流露出的各式表情，演说家就能解读出自己需要做的事。某个观众的反应也许能刺激演说家拿出自己的最高水平，或者也可能会让那个演说家懒得再继续表现，无法再慷慨激昂地说出一个字，做出一个简单的表情。

所有训练有素的销售人员都能察觉到“心灵大门缓缓关上”这一时刻的到来。他们都是通过思想的化学反应或是通过“感觉”得知，而并非从客户的语言中知晓。口头语言往往会掩饰一个人的真实想法，而思想的化学反应则绝对无法进行伪装，它有着 100% 的可靠性。销售界的从业人员一般都知道，**某个客户越是在嘴上说他不太想买某个东西，那么那个东西的成交率反而越有可能会非常地高**！

每个律师都试图训练出自己发达的第六感，用以“感知”巧舌如簧的目击证人是否在为了某个不为人知的目的而说谎。这样的律师通常都善于利用思想的化学反应来判断目击者的真实想法。律师们在发展这一方面的能力时，其实都是不知道其具体科学依据的。他们根本不需要知道这个依据就能获得这项技能。对那些销售人员来说，他们的情况也与律师们差不多。

打个形象点的比方，如果一个人的内心是一座大厦，那么对能够利用思想的化学反应来正确解读他人内心活动的人来说，他们已经获得了通往这座大厦的钥匙。他们可以闲庭信步地去探索大厦的内部结构，里里外外随意观察它的建筑细节，然后又轻轻松松步出这座大厦。而直到他走出老远，大厦的主人可能都无法察觉到有人曾进入过自己的领地！在本书“成功第 11 阶：正确思考”这一章中，我们将发现，思想的化学反应原理其实是非常实用的。

前面说的就是思想的化学反应原理。读者们，以你们日常的经验和观察为例，你们便可以看到，**当两个人在近距离接触时，双方心中都会产生一种明显的心理变化**。有时这种变化可以称为敌意，而有时这种变化也可以命名为友好。**所有的思想都可能被称为一个电场**。这个电场的性质是因人而异的，它取决于自己所代表的那个人的“情绪状态”，也取决于创造了这个电场的思想的化学性质。

我认为，一个正常的或者说是自然的思想的化学性质，是由一个人在身体方面的物理性遗传和他内心的主导思想的化学性质共同构成的。

所有的思想都是动态的，它们始终都在变化着，在某种程度上，个人的思想和行为习惯会改变这个人大脑的化学性质。我对上述说法的真实性深信不疑。有时人们会主动地去调整自己思想的化学性质，用以表现出对接触对象的喜爱或厌恶之情，这早已是个不争的事实！换句话说，不需要通过语言或面部表情以及其他身体的动作等方式，人们仅仅是用自己的精神状态就可以吸引和取悦他人，同样，也可以排斥他人或是表现出对对方的反感。

现在让我们再回过头来说一说智囊的定义吧——在一种非常完美、和谐的氛围中，由两种或两种以上思想通过相互融合、共生而形成的一种新思想。你会发现，这里又提到了“和谐”这个关键词。如果相互间的关系不和谐的话，那么那两种思想便无法相互融合，更无法达成协作关系。而这几乎就是所有的商业和社会伙伴关系成功与否的关键所在。

每一位销售主管、军事指挥官以及其他所有的领导者都非常清楚地知道“团队精神”的必要性——**为了获得成功，团队里的每一个人都必须意识到理解与合作有多么重要。**通过制定制度，便可以自发或是强制地达到这种大规模和谐的目的。将团队中每个人思想的化学性质进行统一的改造，改变这些思想的化学性质后，再将所有这些思想的功能进行融合，最终达成一致，就将它们汇聚成了我们所说的智囊。

这种“融合”的方法在使用实例上可以说是数不胜数，并且每个领导的运用方式也都各不相同。所有的领导都有独特的一套方法来提高自己的凝聚力，让追随者们紧紧团结在他们周围。为了让人们不再有二心，将思想统一到一处，在领导层面，有的人可能是用武力，以武力慑人；有的人可能是用说服力，以德服人；有的人可能是利用重典，重罚之下，人人顺从；有的人是用种种好处来引诱人。历史上那些著名的政客、官员、商人或金融家等，在自己所在的领域到底用了怎样的方法来笼络人心，然后将自己抬上高位的呢？如果对领导力没有上述认识的话，你便无法探究到最核心的答案。

然而，**世界上真正伟大的领导似乎都天生拥有某种完美的思想化学性质，这种思想的化学作用可以让所有见过他的人都被他吸引**。拿破仑就是个典型的例子，他绝对拥有这类化学性质，所有跟他接触过的人都会像遇到了磁铁一般被他所吸引。受其人格魅力的影响，追随拿破仑的士兵们都忠心耿耿、视死如归。在这个例子中，拿破仑的人格魅力或多或少指的就是他的思想化学性质。

如果团队中有一拨非常极端的消极分子，如果他们始终都表现出排斥姿态的话，那么即使团队中其他人彼此间表现得再和谐，智囊也无法成功被整合出来。**积极与消极的想法永远都是分庭抗礼、势不两立的，所以它们根本无法共处于同一个智囊中**。相当一部分领导人的失败都可以归因于他们没有认识到这一点。

任何一位理解了思想的化学性质这一原理的领导，都有能力在短时间内将大家的思想融合到一处，组织出一个拥有着统一思想的小团体。但一旦这位领导退出了这个业已形成的团队的话，那么这个组织便很有可能在瞬间分崩离析。所以大多数成功的人寿保险营销员会招呼他的团队每周集会一次甚至是好几次，目的就在于他们要在有限的时间里，反复将个人的思想汇聚成一个智囊，只有这样反复多次刺激，团队才会更具有凝聚力！

通常来说，也许这些团队的领导人并不知道他们这些会议背后的作用机制和原理，并不知道领导人和团队成员之间的谈话究竟起到了什么作用，但这个方法就是这么实用！其实，正是通过这些会议，团队成员之间的思想才得以“接触”并相互给对方“充电”。

人类的大脑就好比一块电池，那么它就很可能会因电量耗尽而累瘫，这就会让电池主人沮丧难过，力不从心。谁能幸运地避开这种命运，永远不会产生这种负面情绪呢？面对这种电力枯竭的状况，**我们的大脑就必须充电，充电的方法便是与一种更有活力的思想进行接触。**作为一名杰出的领袖，他们通常都能理解这种“充电”的必要性，而且他们知道如何正确地完成“充电”这一活动。能否掌握这一原理，便是领导者与他的追随者之间的主要区别了！

幸运的是，了解了这一原理的人通常都能够保持住自己的大脑活力，或者能够周期性地与更有活力的思想接触以进行“充电”。性接触对需要充电的人来说，是一种最为有效的刺激手段，对两个有着真挚感情、两情相悦的人来说，性接触将是一种美妙绝伦的智能充电体验。而其他所有形式的性关系都只会让你的思想更加空虚，更加没有活力。

从这一点来看，我们似乎应该提醒人们注意到另一个事实——无论身处哪一种行业，那些卓越的领导人都是具备高度的性吸引力的。

（“性”这个词是非常庄重体面的。所有的词典中都少不了它。）

在一些最为明智的医生和健康从业者当中已经出现了一种趋势，那就是他们都认同这样一种理论：**人体内所有的疾病都始于大脑的能量耗尽或失去活力**。换句话说，**一个人的大脑如果充满活力的话，那么他几乎会对所有的疾病免疫**。而这早已是件众所周知的事了。

所有的健康从业者都深知，在很多的实例中，正是病人的性格或是他的思想意志“治”好了他自己的病。药物、信仰、按摩、正骨疗法以及其他所有形式的外界刺激其实都只能起到某种辅助作用，真正有用的应该还要归结到性格上来。更准确地说，是人的思想的化学作用对人的身体产生了作用，它能对人的身体细胞和身体组织的状态进行调整，使人的大脑重新充满活力，从而使人的身体各部分机能恢复正常运转。

最权威的医生也应承认这一说法的真实性。

那么在人类思想的化学性质方面，未来还会出现哪些可能性呢?

通过和谐地融合各种不同的思想，人的健康便能得到保证。依据同样的理论，足够的能量也应该能被激发出来，用以解决可能会连续不断地出现在每个人身上的财务危机。

在整理好过去的成就清单后，我们将能通过思想的化学作用来预测未来的种种可能性，我们始终要记住：**所有的成功都可能源于人与人思想之间的组合，它是个具有偶然性的结果。**

一个创造了巨大成就的伟人永远不会通过谎言、骗局以及背叛合作伙伴来获取成功，所以我们始终无法从历史上找到这种记录也是再正常不过的了。

我们正在接近一个全新的时代，在这个时代里，大学的教授们将会像对待其他科目一样，向他的学生们传授思想的化学作用学说。同时，有关这门课的学习和实验将会向每个人传递出更多的人生可能性！

思想与金钱

思想的化学反应可以适当地应用于经济和商业方面的相关事务，这一点是显而易见的。

在和谐共处的情况下，通过将两种或多种思想进行融会贯通，思想的化学反应原理可以帮助这个团队创造出更为强大的管理能力和执行力，它将远超团队中的个人能力，把事情做得更好。在任何情况下，一个人成功的动力都来自对权势的渴望。权势，人人都想拥有，但只有具备了足够的智慧来平衡团队中每个人的能力与个性，让所有人能够和谐共处、团结协作的人，才能最终拥有权势。

请仔细看看“和谐”这个词在这篇介绍文章中出现的频率到底有多高吧！如果一段完美、和谐的关系不存在、不成立的话，智囊就一定无法整合出来。而如果无法被某种完美、和谐的氛围所包围和温暖的话，一个人的思想也将永远无法与其他人的思想进行融会贯通。当两种思想已无法齐头并进，无法沿着同一条路继续走下去，那么之前他们共同创造出来的第三种思想，即智囊，这么一个代表着友好与和谐的思想联盟也将随之瓦解，不复存在。

现在我们就来对一些通过运用智囊法则积累了极大权势（当然还有财富）的成功人士进行一番学习与研究吧。

让我们从以下三个在各自工作领域取得了巨大成就的人开始。他们都是因为自身的专业与努力才得以跻身最伟大名人之流。

他们的名字分别是亨利·福特、托马斯·爱迪生以及哈维·费尔斯通。

在他们那个时代，亨利·福特是三个人中财力最强的一位。之后我也会进一步讲到，有不少研究亨利的学者都坚信他是那个年代最有权势的人。据目前所知，我们可以肯定的是，福特在那时绝对算得上富可敌国的超级大富豪。当时有种说法是，福特挣钱就像小孩子在捡沙滩上的沙子一样，比起我们大多数人只能靠每个月的薪水生活，他的财富人生简直要容易太多。人们都惊叹于他的非凡能力，因为他很可能一个星期就能挣到一亿美元！众所周知，爱迪生是一位哲学家、科学家以及发明家。同时，他可能也算得上对“圣经”最为沉迷和投入的读者了，当然在这里我指的是大自然这本圣经。他是一个前无古人、后无来者的存在，他努力揣摩大自然的智慧并让它为我们人类所用。仅仅是用一根针和一张可以转动的唱片，就能通过振动将我们人类的声音记录和再现，他是第一人。

利用大自然中的闪电原理而发明了白炽灯的，他也是第一人。

就连电影的发明者也是爱迪生。

上面这些只是他的一部分杰出成就。这些现代化的奇迹，让我们看到了科学之光，它们早已超越了儒勒·凡尔纳和同时代其他科幻小说家在书中所描绘的那些奇迹而成为现实。

费尔斯通是费尔斯通轮胎公司的创始人，也是其企业精神内核的创造者。他是汽车工业社会中的一个传奇，人生成就斐然。

这三个人在创业之初，在他们的职业生涯刚开始的时候，资本都并非很丰厚，他们的学历也都不算高，换句话说，他们并未接受过太多的所谓的学校教育，但后来无论在生活上还是在事业上，他们都算得上德高望重、知识渊博。而且这三个人后来还都变得极其富有、地位显赫。

现在，就让我们来探讨一下他们的财富与权力的来源吧。到目前为止，我们看到的都仅仅是结果，而真正的哲学，应该是“知其然且知其所以然”，学会解读能引起某个特定结果的原因才是我们学习的最终目的。

福特、爱迪生和费尔斯通，这三个人彼此之间是有着多年深厚友情的好朋友。从创业伊始，他们就有个习惯：每年都会放下手中的工作，一起去密林中休息一段时间，在那里进行沉思与疗养。

也许这几个人自己都没有意识到，正是那段半退隐时期的朝夕相处，他们彼此间的思想才得以交融和贯通，并产生出智囊——而它，才是一个人权势的真正来源。

由福特、爱迪生和费尔斯通这三个人的思想汇聚而成的新思想，正是使这三个人齐心协力想要去获取知识和财富的动力，可惜对大多数人来说，这种机会几乎与我们绝缘。

如果对以上描述中的原理或事件结果有异议的话，那么请注意，一半以上的理论都是通过板上钉钉的事实总结出来的！打个比方，众所周知，他们三个人都非常有权势，而且极其富有。他们出身寒门，创业之初很艰难，都没读过多少书。这三个人之间会有周期性的聚会，而且彼此之间的关系很和谐友好。他们的成就非凡，社会上的其他同龄人根本无法望其项背。以上描述的都是事实，世界上所有的教科书上都是这么写的，每一个学生也都烂熟于心。

还有一个重要的事实我们也应该点出来，它同样与福特、爱迪生和费尔斯通这三个人事业成功的原因息息相关——这些人的成就都不曾建立在阴谋诡计、谎言以及其他所有反自然的法则之上。他们的成就同样也并非来源于某种不为常人所知的暗黑魔法。对拥有科学管理方法的经济学家和领导人来说，他们中的大多数人都是在**顺应自然法则行事**。但在这一法则中，思想的化学反应原理是没有被包含进去的。尽管每年对这一原理的研究都会有新的进展，但从传统观念来看，它目前仍不属于科学理论范畴。

福特、爱迪生和费尔斯通在不知情的情况下使用的智囊原则，如果能被其他人认识和利用的话，也一样会起到非常显著的作用。只要你的团队成员之间关系和谐，彼此能团结协作，那么你也一样可以事半功倍。在这种情况下，你的团队至少应该包含两个成员。而最佳人数设置可以是六个或七个。

已经有证据表明，耶稣基督就是发现并运用了思想的化学反应原理，加上他的一些神奇的表演技巧，才与他的 12 个门徒的思想进行融合，并最终树立了属于他自己的宗教权威。也正是因为其中一个门徒（犹大）丧失了信用，智囊便立即解体，从有限的人类记载上来看，也就是出于这个原因，耶稣遭遇了一生中的灭顶之灾。

当两个或者更多的人在和谐关系的庇护下将彼此的思想融会贯通时，他们就能制造出这个团队的智囊，**团队中的每个人也都能通过“潜意识”读取到其他成员的思想从而收获更多知识，他们每个人都是受益者。**这股力量的作用马上就能显现出来，它其实就是通过一种高频的振动让大脑得到更多的刺激，从而产生更为生动的想象力和思想意识，这也就是人们通常所说的第六感。正是通过第六感，很多新的想法会“突然闪现”进入人类的脑海。这些想法会对一个人的行为方式和性格起到某种引导作用。如果整个团队需要就某个既定主题进行讨论的话，那么在场的所有人看上去似乎都像是受到某种外在力量的驱使一样，但事实上，他们都只是围绕着主题在思考与之相关的一些东西罢了。智囊中每一个成员的思想都仿佛磁铁一般，吸引着更多人的思想，并刺激着所有人将自己的想法有序排列，相互完善，最后将之践行，让想法变成现实——可惜大家都不知道那块磁铁到底是什么！

思想间交融的这么一个过程，也就是我们所说的智囊，就像是一根将许多节电池联结在一起的电线。因此，串联在这根电线上的电池的数量越多，它的电量就越充足。智囊融合团队成员思想的情况也跟这个差不多，每一种思想通过相互间的化学反应原理，会对团队中其他人的思想起到刺激作用，最终产生的那种思想的能力将是巨大的，它将直接与宇宙能量相通相连，反过来又能作用于宇宙中的所有物质微粒。

有一个众所周知的事实，那就是每个演说家都能感应到大脑化学反应的影响，一旦他们与听众间形成了某种和谐的互动（即一个人的思想与另一个人的思想的振动频率接近同步的状态），听众就能清楚地察觉到，台上的演说家的声调会变得更加激昂，演说家的演讲状态也会更加投入。

演讲刚开始的5—10分钟就是大家所谓的“暖场时间”。它意味着，在这一小段时间里，演讲者与听众的思想之间应该有一个迸发并和谐地进行交融的过程。

每个演讲者都能清楚地感觉到自己与观众之间的这种和谐气氛有没有被成功地营造出来。

时不时发生在宗教和精神团体中的一些看似超自然的现象，其实也是他们当中人与人之间思想相互碰撞而发生的化学反应的结果。那些现象一般很少会在他们的组织刚刚成立的10—20分钟内就立马显现出来，原因就是他们需要那段时间来让成员们彼此间的思想先进行一番融合，建立起信任、和谐的氛围。

在这种团体中，成员们接收到的信息的来源有时是下面我要介绍的第一种，有时是第二种，有时两种兼而有之。它们分别是：

第一种：来源于团体中某个成员的大脑中的潜意识。这种潜意识的体量是巨大的。

第二种：来源于某种宇宙能量，它很可能就是通过振动的方式被储存下来的。

我们都知道，利用思想的化学反应，任何一个人都有可能探测到另一个人脑海中的知识储备。将思维再拓展一下，下面这个假设似乎就可以成立：如果宇宙中确实存在振动的话，那么利用上述反应原理，宇宙中的新知我们也是可以感应到的。

思想这类更为高级、更为精练的振动形式是可以永远完整保存的。这一理论衍生出了一个众所周知的事实，那就是无论物质还是能量（宇宙中已知的两个基本要素），它们既能被创造同时也能被毁灭。那么，“所有的振动都将永远存在”这一假设也是合理的。但一些低级的振动形式可能只存在有限的生命周期，一旦周期结束，它们也就走向了消亡。

那些所谓的天才都能收获无数的盛名和赞誉，因为他们可以通过某些机遇或是别的方式与其他人相聚，帮助那些人“提高”其思想振动的频率。于是那些人才有机会进入知识的殿堂、学问的巨塔当中。

此外，目前笔者已经能够确定，所有的伟人和各领域的天才都是具有高度性吸引力的人。性接触作为思想的一大兴奋剂，也为本书讲述的理论增添了色彩。

想要知道在商业领域获得了巨大成就的商人们是如何获得巨大财富的话，我们可以以芝加哥的“六大巨头”为例来进行研究。“六大巨头”财富小组的成员里有威廉·里格利，旗下产业——箭牌口香糖就是以他的名字命名的。还有一位商业巨头，早在100年前，他的公司一年的纯利润就高达1500万美元。此外，这个财富小组还包括一个连锁酒店的老总、一个广告界的大亨以及联邦快递成立初期的股东兼创始人；还有一个成员，他是一家出租车公司的老板，汽车租赁行业在当时尚未完全成型，但没过多久，他的名字在租车领域就成了一块金字招牌，代表着惊人的财富。他的名字叫赫兹。

当时，有家权威的财务评估公司曾估计，这六个人几年的年收入平均都在2500万美元以上。对这个六人财富小组的研究分析表明，与前面例子中的三人财团的特点相似，这六个人当中没有一个人具备特殊的教育背景，他们都没有接受过高等教育，都是白手起家。在他们的创业初期，几个人都没有什么雄厚的资金支持。他们在商业上的成就都只能归因于一步一个脚印的奋斗历程，幸运之神自始至终都没有眷顾过他们。

很多年前，这六个人便形成了一个友好联盟，他们会在某个固定的时间聚在一起开会，互相帮助，共同探讨各自所在行业和企业的日常运营状态和日后发展方向。他们当中除了两个人外，彼此间都没有成为商业上的合伙人。他们的这些会议，以团结合作为基础，严格遵守着“有来有往”的基本原则，彼此间敞开心扉，互相给出自己的想法和建议。

这个事业发展特别成功的六人财富小组，他们身上有很多东西值得我们去品评、研究、分析甚至是模仿。他们已经学会在一个接近完美、和谐、友好的关系中，将团队中每个人的思想进行融会贯通，从而创造一个智囊，帮助彼此打开那扇智慧之门，而这扇大门对世界上其他人是紧紧锁闭的。

美国钢铁公司是世界上最为“坚固”、强大的重工业企业。这个庞大商业帝国的创始人名叫埃尔伯特·加里，他曾是个普普通通的职业律师，出生并成长在芝加哥附近一座名叫伊利诺伊的小镇上。为了纪念他的伟大成就，后来这座小镇还以他的名字重新进行了命名。

加里也一样，他也组建了一个类似的团体，团体中的所有成员同样本着和谐互助的精神共筑了一个智囊，最终它也成了伟大的美国钢铁公司的企业精神内核之一。

无论你身处何处，无论是在商业、金融、工业还是其他任何行业，可以肯定的是，这些行业中都会有成功人士的身影穿梭其中。你会发现，在他们成功的背后都存在一个掌握了思想的化学反应原理的灵魂，一个掌握了如何创建智囊并为我所用的灵魂。那些杰出的成就看上去都出自一个人之手，但只要你仔细寻找，你就能找到为他出谋划策的团队，找到他的合作者们。请记住，智囊需要两个或两个以上的人彼此间发生思想的化学反应才能被创建出来！

权力（即人们通常所说的权势）看上去浅显易懂，但只有足够英明的作为才能将它捕获并发挥出来！

如果一个团队无法在和谐友好的氛围中将每个人的聪明才智汇集起来，那么我们就不能将这个团队的工作成果称为组织有序、成绩斐然。而上述和谐有序的氛围的缺乏则几乎是每一家企业倒闭的原因。

我曾与某著名高校的学生合作过一个非常有趣的实验。每个学生都被要求写一篇以“亨利·福特是怎样成为有钱人的，原因是什么”为题的文章。

作为重要的组成部分之一，这些学生还被要求在自己的文章中写清楚：在他们眼中，福特到底拥有哪些资产，他的这些资产具体都是什么。

大多数学生都收集了很多财务报表和福特的资产总量表格，并将它们作为评估福特身家的依据。

在学生们交上来的林林总总的“福特的财富来源”当中，我们看到的条目不外乎银行存款、股票股权、房产以及其他不动产，等等。

但是有一个学生从参加实验的几百人当中脱颖而出，他的文章摘要如下：

亨利·福特的财产总的来说主要包括两大类。它们分别是：（1）运营资金和运营所需原材料；（2）福特在多年创业历程中积累下来的经验财富以及一个训练有素的、能够正确理解福特的经验财富并将其优势最大限度发挥出来的工作团队。对于他的这两大类资产，我们也许很难用标准测量方法将它们进行比例分配，但在我看来，它们大致的价值比例分配应该是：

福特的团队的经验财富应该占到75%，而福特本人手上的资金和其他所有动产、不动产（含股票股权）则占到25%。

总而言之，这位作者在他的文章中想要表达的观点是，福特的巨额财富并非仅仅来源于他本身的聪明才智，他认为如果没有他背后那支精英团队的团结协作的话，他有更多的运营理念也是枉然。

毫无疑问，福特最大的资产本来就是他超凡的头脑。其次才是他的团队，他的同事们的头脑。正是有这些同事的支持，他的财富帝国才得以创立。

如果某天你摧毁了福特汽车公司的所有工厂、所有机械、所有原材料储备、所有汽车成品以及福特的全部银行存款，但请相信，亨利·福特仍然能成为地球上经济领域内最有权势的人。只要曾经将福特商业帝国打造出来的那群精英仍在，那么短时间内他们一样可以将之前的行动重复一遍，重建一个新的帝国！对像福特这样的精英来说，资本永远是可掌控的，是无限量的！

以我目前所知，从经济角度来看，福特之所以能成为地球上最有权势的人，原因就在于，他深知如何将精英人士的想法汇聚到一起并为我所用这一极其实用的成功法则。

尽管福特后来收获了巨大的财富并走上了人生巅峰，但他的成功历程可能并非一帆风顺。我们怀疑在他创业之初，对于多多汲取他人智慧这一成功原则，他的认识可能非常粗浅，后来肯定是经过多年的智慧积累，随着驭人术的日益成熟，他才最终取得了成功。

还有一点，那就是有关思想的化学反应这一原理，福特一开始应该也是完全无感的，至少在最开始的时候是这样的，他可能是在聚会上受到了他人的启发才真正意识到的，而那个人则很有可能是爱迪生。

当然，远远早于他认识爱迪生或是费尔斯通，引领他认识到这一自然规律的人非常有可能就是他最亲近的那个人——他的妻子。鉴于智囊原则，很多人的成功本来就可以归因于他们的妻子，可惜这一点很多人都不知道。福特夫人是一位非常聪慧的女士，我有理由相信军功章里有她的一半，可能福特就是受到她的启发和关爱，才赚得了第一桶金并从此开始攀登权势高峰的。

值得一提的是，你可以想到很多种方法夺走福特的财富和荣誉，但在创业之初，相比爱迪生和费尔斯通，他最需要去应对的“敌人”，对他来说伤杀力最为强大的“对手”，却是教育经历的短板和无知。前面两位成功人士都有着天生且超过常人的智慧资质，福特却不一样，他的天赋平平，资质也非常普通，毫无过人之处。但不可思议的是他在短时间内就战胜了人类最顽固的三个“敌人”，并将它们转化成自己的人生财富和成功基石。

这三个“敌人”就是——无知、文盲和贫穷！

任何一个能掌握这三种原始动力且不受制于它们，并能使其为己所用的人，都非常值得“运气”不太好的学习和品鉴。

一个人如果心存某个明确的目标，有一个为了达到此目标而制订出的明确计划，那么他的成功之路就已经走完了 90%。

毫无疑问，我们生活在一个工业时代。所有的工业力量都源于有序的组织与实践。随意瞥一眼某张报纸或是关注一下某个新闻节目，你就会发现，**团结协作无处不在**。无论是金融界还是工业界，其实都早已相互渗透，它们在统一管理之后迸发出的威力是无与伦比的。

今天的新闻讲的是几家银行，过几天就是几家电话公司，下周的报纸也差不多，讲的可能会是几家通信公司的合并重组，等等。所有为了共同发展而进行的合并，通通都是某种管理有序的合作关系的结果。

知识并非能力，它存在于大自然中，无法被有序地组织。它只是一种潜在的力量——没有哪种真正的能力可以将它开发出来。任何一座现代化图书馆里所收藏的有价值的知识，其实都只能算是某种无条理的记录，它们都是人类多年来在历史长河中积累并继承下来的。但这些知识绝不是能力，因为它们杂乱无章，没能被有机化。

所有的能量形式以及所有的动物、植物，只要想存活下来，就必须以有序的组织形式存在。有着大型骨架的巨型动物最后都走向了灭绝，因为它的存在超过了大自然的承受能力。但是这一证据也足以证明——**无序则意味着毁灭。**

从最小的电子到宇宙间最大的恒星，再加上位于这两大极端物质中间的所有物质，它们都为我们证明了大自然定律的第一条就是有序组织。所谓幸运的人，其实就是那些能认识到这一宇宙重要定律并且能让自己的事业遵循这条伟大的定律来规划和发展的人。

做生意时精明无比的人除能够清楚认识“有序组织”这一重要定律之外，他们还会将其奉为自己获得事业成功的基石。

如果对思想的化学反应这一原理一无所知的话，那么如果你能对自己已有的知识进行一番梳理与总结，恭喜你，你仍然有机会在事业上获得成功。能对思想的化学反应有一定认识并成功将它们引向智囊阶段的人，通常都是通过偶然的机缘才得以总结出这些知识的，他们当中大部分人往往都无法探知到上述发现的本质，或是无法真正理解他们之所以能够获得成功的根源。

我认为，现在世界上所有的人在发展自己的事业时，都会自觉或者不自觉地用到思想的化学反应原理，利用它去融合多种智慧，尽管他们可能只是把它的作用发挥了两成而已，其更大潜能仍一直被人们忽视。

如果这一估测已经接近了事实真相的话，那么大家很容易就会发现，思想的化学反应领域恐怕还是会有人满为患的危险。

众所周知，任何一个企业管理者需要面对的最困难的一项工作就是，在员工中间创建一种和谐的氛围，让他们在这种氛围中群策群力，为企业的发展提供思路和行动。创建起这种氛围之后，如何将这种状况保持好，是接下来需要去克服的另一个困难。只有行动力最为高效的领导者才能完成这一高难度的工作，但只有超出这一平均水平的管理者才能成为真正的业界巨人。所以，放眼全球，在工业界、商界和金融界才有了我们后来所看到的亨利·福特、托马斯·爱迪生和约翰·洛克菲勒。

权势与成功本来就是一对同义词！

它们当中的一方来源于另一方。因此，**任何一个兼具知识与能力的人，只要他善于在和谐的氛围下与他人合作，那么无论他从事的是什么行业，最终都能走向成功。**

如果无法在第一时间如春花一样盛放，又无法如蘑菇那样生长催发，而构成它的多个思想单元又无法做到团结协作、和谐共处的话，那么它就一定不能被称为“智囊”。

和谐，这个词的真正意义，正如那些宣称自己是基督教徒的人当中最为虔诚的那部分教徒一样少见。想要创建出智囊状态，那么它必不可少的核心就一定是和谐。**如果没有和谐这一基本要素的话，智囊也将不复存在**，对此，我们无须赘言。

当伍德罗·威尔逊总统提出“国际联盟”（即联合国的前身）这一说法时，他其实就是想创建出一个能汇聚全世界智慧的智囊。威尔逊的这一想法可谓是那个时代最有远见、影响最为深远的人道主义思想，因为它树立起了一种真正尽全力将全世界人民团结起来，全世界人民是一家的情怀和理念。

未来时代中，伟大的思想统一体将由优秀的大学和宗教学习机构来组建和融合，人类的无知和迷信将由理解与智慧所替代。而这一时代正在快速向我们走来。

布道会的心理学原理

一种名为“布道”的宗教狂欢活动可以帮助我们更好地理解和学习智囊这一思想的化学反应原理。

我们可以观察到的是，在布道会上，为了创造出一种和谐统一的思想氛围，音乐起着不可或缺的重要作用。如果现场没有音乐的话，布道会就无法掀起高潮，只能沦为一个平淡无味的集会。

在做布道服务的时候，集会的领导者非常善于在他的信徒们中间创造出一种和谐的气氛，但有一个事实也是众所周知的，那就是如果这位处于核心地位的领导者走了的话，这种气氛便不复存在。也就是说，他如果离开了自己一手创造的智囊，那么这个智囊也很快就会消失无踪。

为了唤醒他的追随者的情感共鸣，为了创建智囊并使更多的人能够参与其中，布道会首领熟知如何在适当的时机使用与之相配套的背景音乐。在他所创造的那个环境中，气氛会变得非常积极上进，富有感染力，愉悦的氛围能改变所有在场人士的大脑思想及互相间的化学反应。

布道会首领将这种能量命名为“上帝之灵”。

我也曾联合一组科学研究人员及若干个对本实验的目的毫不知情的志愿者做过类似实验，没有运用所谓的“上帝之灵”就在这群志愿者当中创造出了如同在布道会上那样的心境和类似的积极氛围。

在很多场合中，我也在许多有志于从事销售工作的男士和女士的见证下，营造出了同样的积极氛围，同样，我不认为自己利用的是“上帝之灵”。

哈里森·帕克，芝加哥合作协会的创始人，我曾帮他培训过一所销售学院的学生。我传授的是与“上帝之灵”（布道会的称法）同理的思想化学反应原理。在我的帮助下，一组包含3000名男性和女性（培训前均无任何销售经验）的销售团队，在不到 9 个月的时间内就卖出了超过 1000 万美元的证券，这个团队的销售纯利润超过 100 万美元，而同期其他人的赢利则只是他们的一小部分。

研究结果表明，普通人员加入这所销售学院后，在参加过几次必要的团队销售培训会议后，平均在一周内都可以达到其最高销售水平。这些团队销售培训会议称得上现代化的布道会，因为它的会议设备，包括音乐以及给大家授课的培训师所用的大功率扬声器等，都与布道会所需要用到的东西非常类似。

你可以称它为心理学，也可以称它为思想的化学反应，或者其他任何你想叫的名字（反正它们的原理、本质是一样的）。总之，我们可以确定的一大事实真相就是，在任何场合中，如果一群人的思想能在某种完美、和谐的氛围中彼此发生联系的话，它们彼此间就能互相得到心灵的补给，彼此都能被注入新的能量。而这种力量，就是我们所说的智囊的力量。

对我来说，所有这一切都说明，这种未知的能量也许是“上帝之灵”，但如果它有别的名字的话，也一样真实存在且非常有效。

如果可以这样理解的话，那么我们可以说人类的大脑和神经系统构成了一台非常复杂的机器。如果能够对它进行适当的控制并给予正确指导的话，这台机器就可以创造出很多非凡的成就，而如果不加以控制或控制得不当的话，它就会让一个人的行为变得非常荒诞，具体能到什么程度，你去精神病院看看就了解得差不多了。

人类的大脑能与一种不断涌入的能量发生直接联系，在这种能量的驱动下，人类才有了思考的能力。大脑接收到这种能量后，就会将它与人类的身体从食物中摄入的能量相混合，再以血液系统和神经系统为通道，把这种混合能量运送到身体的各个部位。这一系列过程，我们称为生命。

这种外在能量的来源是什么？目前尚无人知晓。我们唯一所知的，就是人必须要得到它，否则就会死去。对此，有种推测应该是合理的，那就是——这种能量很可能是通过我们的呼吸，随着空气中的氧气进入我们的身体的。

每个正常人的身体都好比是一个具备着一流设备的化学实验室和化学物资供应仓库。我们将食物摄入身体之后，经由它们来绞碎、吸收和适当合成新物质，再将这些营养物质输送到各个身体部位以保障身体机能的正常运转。

有足够多的实验结果表明，无论是对人还是对野兽来说，在其将食物充分消化吸收并用以保障身体各部分机能运行和修复的这一化学过程中，一种被称为大脑思想的能量始终在发挥着非常重要的作用。

大家都知道，担忧、兴奋或者是恐惧等心理状态都会干扰身体的食物消化过程，在极端状况下，这些心理状态甚至会完全阻止上述消化进程并直接引起人体生病甚至导致死亡。很明显，这就是因为人的思想进入了食物的消化和营养输送过程。

思想作为一种能量，在某种程度上，可能在这一过程中起到的是消极甚至是污染作用，它让人的整个神经系统的工作秩序都进入了混乱状态，干扰了人的消化功能，从而使得各种各样的身体机能紊乱，接着以对应的疾病形式表现了出来。

对此，尽管至今仍然没有具体的科学依据能公布于世，但还是有不少学术权威都深以为然。同理，这样的消极思想也会引发人的财务危机、无结果的爱情故事以及其他一些不好的事。消极的环境，比如家中有个不停唠叨的家庭成员，他的存在也会影响家中其他成员的思想的化学反应，很容易使得对方失去上进心，从而淹没在芸芸众生中，成为随波逐流的普通人。正如很多老话所说的那样，**可能会成就或是毁掉自己的是另一半。**

任何一个高中生都知道，有些同时摄入身体的食物是相克的，一旦你将它们同时吃进肚里，就很可能会引起肠胃疼痛甚至导致死亡。所以有时可以这样认为，好的身体取决于你吃进肚子里的食物是否能和谐相处，即通常所说的“相生”。但摄入的食物即使相生也不一定代表你能有个健康的身体。构成你思想的能量要素也必须和谐共生，我们才可以说你的身体真正达到了所谓的健康状态。

和谐是大自然的法则之一。没有它，便没有了所谓的有序存在的能量，没有它，任何一种形式的生命都将不复存在。

无论是健壮的体魄还是健康的大脑思想状态，它们都是建立在和谐这一原则之上的！当人的身体器官无法协调运转的时候，生命这种能量形式也将渐渐走向衰亡，最后的死亡时刻也即将到来。

当任何一种形式的能量（或权力）来源失去了之前的和谐与平衡状态的话，能量就会陷入某种无序的混乱状态，不用多久，这种能量就会慢慢流失直至彻底消亡。

前面讲过，智囊作为一种思想的化学反应原理，能创造出成功的力量，而它的核心正是这一章我们所说的和谐！破坏了这种和谐，其实就是破坏了一种由许多人的智慧共同发挥作用从而创造出来的合力，破坏了成功的萌芽！我已经利用可以想到的一切办法一再说明、多次重申这一观点。读者朋友们，你只有学会如何掌握并利用好这一成功法则才能最终走向成功，而如果你不认可我所介绍的智囊法则的话，那我现在说什么都是多余的了。

无论你认为什么是所谓的成功，生活中的成功其实很大程度上指的是对环境的一种适应，这里面就包含着人与环境的和谐共处。对皇帝来说，如果皇宫里没有和谐氛围存在的话，那他的宫殿再金碧辉煌都不如农夫的茅草棚住得舒服。反过来说，如果家里人都一团和气而不像皇宫里的人那样貌合神离，农夫的小茅草棚住起来肯定会比住在皇宫里更让人感觉幸福快乐呢！

如果没有完美、和谐的状态存在的话，宇宙简直会是一团乱麻。因为恒星与行星的运行会横冲直撞且相互冲突，全部的宇宙星体都会陷入混乱无序的状态。

失去了和谐原则的话，食物的营养通过血液可能无法被正常输往人的指甲，而是被血液胡乱送去了头皮，于是本来应该长头发的地方因为角质增厚而形成了犄角。这种犄角很容易让迷信的人觉得人类会与某种头上长角的原始神话人物之间存在关联。

失去了和谐原则的话，人类的知识也将变得无序。也许有人会问了，除了事实、真理以及自然法则外，还有什么是所谓的有序的知识呢?

当不和谐走到了前门，那么和谐可能就从后门溜走了。可以这么说，无论是对地球上某对商业伙伴间的书面协议，还是对星际间星球的运行轨迹，以上描述都能适用。

如果读者对我前面反复强调的和谐的重要性仍有印象的话，那么就请记住，和谐的缺失往往是失败的第一、最后以及唯一的原因!

如果和谐不复存在的话，世上便不会有诗歌，不会有音乐，也不会有值得一听的演讲。

一幢好的建筑物很大程度上取决于它的设计以及建筑材料是否安排得当、和谐共生。一座房子如果称不上和谐的话，那么它顶多只是一堆建筑材料的组合、一个大型的固体怪物而已。

商业经营管理的命脉和关键也正存在于“和谐”这两个字当中。

衣冠楚楚、举止得体的男士和女士都是可以用来形容和谐的鲜活画面和活生生的例子。

上面都是对存在于世界上所有事物中的和谐的重要性的普通描述，我并非想用它们来说明，整个宇宙是怎样运行的，我是想用它来问问你，对任何一个聪慧异常的人来说，如果他的明确目标中没有和谐这一因素存在的话，他还能走向成功吗?事实上，如果你没能将和谐作为成功的最重要基石的话，你可能连一个明确目标都找不到呢!

人的身体是一个复杂的组织体，它包含着多个身体器官、腺体、血管、神经、脑细胞以及肌肉等。刺激人能做出各种反应，帮助协调身体各组成部分正常运作的思想能量也是一种时刻处于多种变化状态的能量。**一个人从出生到死亡，其实就是一个连续不断的个人思想斗争的过程，一个与其他思想间的开放的战斗历程。**举个最常见也是人人都熟悉的例子吧，奋斗的动力与人的欲望就经常刺激着一个人做出对与错的选择，这种思想间的斗争可以说是终身存在的。

每个人身上都至少存在两种截然不同的精神状态或人格，有的人身上甚至能挖掘出多种各不相同的人格。**一个人一生中最微妙的工作便是将他身上的那些人格有序组织起来，使之协调发展，让它们都朝着完成既定人生目标的道路走下去。**如果无法创造出这种和谐元素的话，那么那个人将永远也无法成为一个思路清晰、准确的思想家。

这也就难怪那些商业界、工业界的企业家以及其他行业的领导人都发现，他们很难让一群人团结一致地去完成某项既定的工作任务了。每个人的能力都各不相同，怎么可能在工作过程中完全没有摩擦呢？即使是将他们放置在最和谐的环境中，也很难在短时间内把他们的能力都协调起来。如果一个人的思想在他本人的脑海中都很难协调的话，那么你想想，要将整个团队的人的思想都协调到一处，让所有人都心往一处想，劲往一处使，那将会是件多么困难的事！而这，不正是我们所说的智囊吗！

一个能够成功创建并引导智囊发挥其作用的领导者必须兼具机智、耐力、毅力和自信，还必须深谙头脑的化学反应原理以及具备能够沉着冷静地（从一种完美的平衡与和谐的状态中）应对环境变化的能力。

试问，有多少人能达到上述要求呢?

这个成功的领导者必须像变色龙一样拥有快速转变其思想色彩的能力以适应所有的环境，而这一切，都是为了最终目标的达成。更重要的是，他还应该具备喜怒不形于色的能力，不能轻易将自己的心理活动表现在脸上，更不能轻易就让脾气失控。一个成功的领导者必须能够深刻理解成功的 17 条法则并在适当的、需要的时机将这些法则运用到日常事务中。如果不具备上述能力的话，这个领导者的能力便是有所欠缺的，而随着时间的推移，他的领导地位也将不保。

教育的真正意义

长期以来，人们都对“教育”一词的意义存在着误解。字典也没能帮助消除这种误解，因为它们也仅仅是将“教育”定义为一种对知识的传授行为。

事实上,“教育”(educate)这个词源于拉丁文中的“教”(educo),它的本义是“从已有的法中开发出、引出、运用新的法”。

大自然厌恶所有形式的懒惰。它只肯将生命力赋予一直处于运动（或使用）状态中的元素。将手臂或身体其他部位包裹起来，不再使用，那么这个闲置的部位很快就会萎缩，直至变得毫无生气。将这一顺序颠倒过来，让你的手臂做更多的运动，比如像铁匠那样，一整天都挥舞着重重的锤子的话，那么你的臂力便能（由内）得到极大的增长。

能力来源于对知识的有序排列，但也请你记住，它同时也来源于实践，来源于你对知识的运用！有的人堪称活的百科全书，但除此之外，他毫无能力可言。**知识只有在经过排列、分类以及付诸实践后才能变成能力。**我们都知道，有些受过世界上最好的教育的人在生活常识方面，可能反而不如那些被人叫作傻瓜的人。这两者之间的差异就在于，前者只是拥有知识，却不会将之应用于实际生活，而后者可能知之甚少，却能将自己所知尽可能地应用于日常生活当中。

一个受过教育的人，应该是个在完成自己人生目标的过程中，知道如何获取自己所需要的一切的人，并且在这一过程中，他不会侵犯他人的权利。对那些所谓的学习者来说，他们可能会惊讶于，原来自己根本就算不上受过教育。而对那些一直认为自己缺乏教育背景的人来说，他们可能也会惊讶于，自己其实已经受过很好的教育了。

一个成功的律师并非一定是个可以把所有的法律条文背得滚瓜烂熟的人。恰恰相反，一个成功的律师应该是一个能够抽丝剥茧寻找到最适合的那一条法律，并且能够找到众多理由来支持自己的选择的人！

换句话说，所谓成功的律师，其实就是一个当他在需要的时候便能马上找到适当的法律条文来支持自己观点的人。

同理，这一原则也适用于工业界和商业界的相关事务。

亨利·福特是个只接受过小学教育的人，但他同时也是这个世界上受过最好教育的人之一。

他仿佛天生就具备一种把自然规律和经济运行规律合二为一的能力，更不必说他还具备把身边任何事物都信手拈来，为我所用的能力了。

第二次世界大战期间，亨利·福特曾起诉过《芝加哥论坛报》，理由是这份报纸对他进行了诽谤，说他是一个“不学无术、无知的人”，还说他是一个思想幼稚的和平主义者。在审判当天，《芝加哥论坛报》的律师团想要通过对福特本人进行询问证明他们那方的观点是正确的，证明福特就是个无知的人。为了达到这一目的，他们在法庭上咄咄逼人，从多个角度对福特进行了交叉盘问。

有个问题是这样的：“1776 年，英国有多少士兵曾被派往发生起义的殖民地进行镇压，你知道吗？”

福特报以一个漫不经心的假笑，回答道：“具体有多少人我还真不知道，但我听说有相当大一部分人都再也没有回来。”

一阵响亮的笑声从法官席、法庭陪审团以及观众席中传来，甚至面色已如霜打的茄子般的提问律师都忍不住笑出了声。

这样的质询持续了一个多小时甚至更久，福特全程都表现得非常镇定和克制。但到了最后，他可能觉得有些累了，他懒得再跟那些自以为很聪明的律师周旋。所以，在又一次听完一个饱含恶意与侮辱的问题后，福特站起身，用手指着那个正在提问的律师说道："如果我真的想回答你刚才所问的，还有你们其他人问过的那些愚蠢的问题的话，那我告诉你们吧，我的桌子边上就是电话，只要我把右键按下去，那么你们今天问的所有问题，我都能找到人来告诉我正确答案，甚至是你们问不出的问题，我也可以找到人来帮我回答。那么现在你们当中有没有好心人能回答我的这个问题呢：在我随时一个电话就能问到正确答案的情况下，为了能够应对任何人可能会问到我的这些愚蠢的问题，难道我仍然要把一些无关紧要的破事都牢记在我的脑子里吗？"

上面这段话是凭记忆记下来的，但基本上能概括福特当时所说的全部意思了。

法庭瞬间就陷入了静默。提问的那个律师瞪着一双大眼，嘴巴都忘了合上，他被噎得一句话都说不出来；法官也挪了挪椅子，探出头向福特先生的方向张望着；陪审团里很多人都不再打盹、走神，他们就像是被惊雷炸醒了一样（事实上也是如此），茫然四顾。

福特的这番话彻底打败了那些提问的人。

在福特说那番话之前，律师们都还处在扬扬自得的心态之中，他们都表现得志得意满，感觉这轮审判福特必败无疑。他们始终都在熟练地展示着自己对案例的熟稔，对法律知识的了解，觉得福特与他们相比确实就是个无知的人。

可惜福特一出手就把他们的扬扬得意击成了碎片！

这再一次证明，（对于那些有足够的智慧去接受现实的人）**真正的教育意味着思想的发展，而不仅仅是将知识进行某种收集和分类。**

无论怎样，福特都不可能将全国所有的物资收归自己名下，但他至少做到了全国每个州的领土内都有属于他的产业！

教育——我们可不能忘记了这点——还包含着一种能力，那就是，在不损害他人权益的情况下去努力争得自己所需要的一切。福特把这条定义落实得非常到位。

有很多正在“学习”的人可能都要被福特绕晕了，从理论上来说，有很多艰深难解的问题，福特确实回答不了。但他仍然敢于发动一场工业界或是金融界的争战，并将该领域内极富相关学识和智慧的人一一打败。

福特也许从未进入过他的化学实验室，从未尝试过将氢原子和氧原子从水中分离出来，然后又将这些原子重组回它们分离前的状态，但是他知道如何将化学家们都吸引到自己身边来，并为他做上述实验。比起满腹经纶却无法付诸实践的人，一个能够将他人的知识拿来为自己所用的人才是真正明智的人。

教育还包含着实践——它并不仅仅是知识哦！

性与天赋间的关系

能够刺激人类把思想变为行动的基本动力一共有八种，迄今为止，性驱动力算得上它们当中动力最为强劲的一种。正是因为它的这一重要性，我们便把它当作与 17 条成功法则中的第一条最为接近的一项来进行解说。

我在对很多伟大人物的传记以及在对本时代的、在各自领域充当领军人物的成功人士进行研究分析的系列文章中，首次提出了“性冲动对他们创造伟大成就起到了一定作用”这一观点。

大多数人在谈到性这一话题的时候都显得懵懂无知。这也难怪，因为性欲长久以来都被一些无知和粗俗的人诬蔑和嘲弄，它一直被认为是种上不了台面的东西。无论是对男性还是女性来说，只要有人知道了他们性欲过盛的秘密，那么他们就难免会被人在背后指指点点，尽管那些无聊的评论者很可能反而是带着一种隐秘的嫉妒心理。

在研究初期，也就是我的成功学理论尚处于萌芽阶段的时候，我就发现无论是在文艺界、文学界还是政坛以及其他几乎所有领域中，那些伟大的人物都是性欲特别旺盛的人。经过对这些人物传记的仔细研究，让我们来将那一群体中的代表人物列举出来吧：

拿破仑·波拿巴

莎士比亚

乔治·华盛顿

阿伯拉罕·林肯

拉尔夫·瓦尔多·爱默生

罗伯特·伯恩斯

托马斯·杰斐逊

奥斯卡·王尔德

伍德罗·威尔逊

斯坦福·怀特

恩里科·卡鲁索

性冲动是最高级和最纯净的人类情感之一。从没有哪种人类情感可以像它一样提高大脑思想的振动频率，继而引起人类想象力的巨大扩张直至达到天才水平。面对自己高于常人的性欲，你最不应该有的感觉就是羞耻或内疚，更不该有任何歉意，相反，这是一种上天的恩赐，你应该为此感到骄傲。

性是灵感的源泉

仅凭强烈的性欲是无法成为一名天才的。只有能够理解性冲动的本质，并明确知道如何将这种强烈的情感力量转化为除性接触之外的其他具体行动的人，才能走上成为天才的道路。相比其他情感驱动力，性能量作为一种驱动力，最好放在第二位，这才是一种理智的选择。人类思想在被强烈的性欲唤醒后，会更容易接收到从外界袭来的思想火花。而这个“火花”，就是通常被我们称为灵感的东西。

我一直坚信——无论是宗教还是艺术方面的，无论它们的性质如何，只要能找到多种证据来证明所有被称为“启示”的东西，它们的产生都可以归因于对性接触的渴望。那些所谓的富有魅力的人，都是性欲非常强烈的人。所有出色的、迷人的、多才多艺的、成就高的人，性欲都强烈。你可以自己分析一下身边那些性欲强的人，看他们是不是像我所形容的这样。

对人类来说，如果你破坏了他（她）强大的性功能，那就等于破坏了他（她）身上最强大的一项身体机能。想要就这一论点找到事实支撑的话，那么就请去观察一下“生机勃勃”的种马或是牛、猪等其他雄性动物被阉割后的情况。从食物链最顶端的人类到最低级的生命体，可以说，对任何动物来说，一旦它的性功能被破坏了，那么它的生存能力也将随之下降直到完全消失。这在生物学领域是众所周知的，也是一直存在争议的。但无论如何，这仍是一个非常显而易见且非常重要的事实。

性治疗的价值

尽管很多外行都不知就里，但科学家们普遍认同的一个事实就是，相比其他人类情感，性欲具有非常重要的治疗价值。然而，通过测量一对感情深厚的夫妇在性生活后的各项身体数据，通过对这一临时性的科学课题的研究，你就能轻易证明上述观点。他们的身体会变得非常放松和平静。一场放松、互动的性行为可以让你的神经系统得到一次绝佳的按摩机会，所有的身体器官也因为受到神经的传递作用而达到某种平衡状态。也许健康的身体状态正是来源于这种身心的平衡吧。同样，放松的感觉通过神经能（nervous energy）而传遍全身，这可能也正是身体病痛得以消除的原因。

上面那些简单的陈述其实并非我的一家之见。从过去到现在，历经几代杰出科学家几十年的深入研究，上述论点已经有了更多的佐证。有位非常著名的医生就曾大胆地承认过，针对一个他感觉已经实在无法用正常方法治愈的抑郁症患者，他为其采取了多次更换性伴侣的创新诊疗方法并取得了预期诊疗效果。这位医生甚至进一步放出豪言说，他预测自己的这种诊疗方法在不远的将来能被更普遍地理解和应用。

上面这段我纯粹是想用来举例证明性治疗的意义，我并不想就这一学说进行点评。但对于社会上大多数人仍然对性欲和性行为有着非常狭隘的认识这一现实，我感到非常的可悲，不光是因为它们其实对我们人类的身体健康有着积极意义，还因为它们与天才能否被创造出来息息相关。

当我在近距离接触自己所研究的那些伟大领袖人物的时候，有个发现给我留下了非常深刻的印象，那就是，他们的发迹很大程度上都受到了来自性关系的激励。对那些相当有影响力的人物来说，能对他们产生影响的性伙伴就是他们的妻子，尽管外界公众可能对她们知之甚少。而在少数情况下，他们灵感的来源可能要归因到“第三者”身上去。无论是上述哪种情况，请所有的配偶、伴侣和情人谨记这一点：

一份伟大、恒久的爱足够驱动一个资质平平的人去创造出辉煌的人生成就！

我们完全可以这么说，性欲，与音乐和梦想这一类东西别无二致，它是目前已知的能够激励一个灵魂迅速到达智囊阶段的最为有效的方法！

使人想要变得伟大的10个理由

精神刺激就是一种影响力，它将暂时或永久地加速大脑的振动频率。世界上所有的伟大成就都是人受到了这样或那样精神刺激的结果。当知道这些刺激物具体有哪些的时候，人们总是表现得非常惊讶。现在我们就将这些“精神动力”一一列出来，以我认为的重要程度，它们的顺序如下：

1. 发生在两个深深相爱的人之间的性关系。

2. 爱，但不局限于有性关系的那种爱。

3. 对获得名望、权势和财富的强烈渴望。

4. 对一个情感极度丰富的人而言，音乐也是种作用强大的兴奋剂。

5. 友谊，无论是产生于同性还是异性之间的友谊，都已被证明能够通过两人的互相帮助和鼓舞，来刺激彼此为了某个明确的事业或目标而努力奋斗。

6. 存在于一个智囊团中的两名或多名成员间的盟友关系，从精神层面上说，是一种无私的、团结互助的关系。

7. 共同的遭遇，如在种族、宗教和不同经济观念中受到的不公正待遇甚至是迫害。

8. 自我暗示。一个人因为受到某个明确动机的驱使，通过使用不间断的自我暗示的方法就可以重塑自己的内心世界（或许这条心理刺激的来源应该挪到顶端去）。

9. 建议。来自他人的建议可能会使一个人创造出极其非凡的个人成就。而如果其影响是消极的，那么它也会给人带来强烈的挫败感，会使人的精神状态跌入谷底甚至造成精神崩溃。

10. 毒品和酒精。尽管它们是最广为人知的精神类兴奋剂，但它们的作用完全是破坏性的，最后它们很可能会导致的一个结果就是：将其他九个刺激来源的作用全部抵消。

上面这 10 条就是对所有主要精神刺激来源的简要介绍了。相信通过对这些刺激来源的认识，你可以得到“听君一席话，胜读十年书”的阅读体验。你可以按照自己的需求去选择接受或是摈弃前面列举的那些情况。上述表达基本上都是正能量的，因为我就是利用它们帮助了很多资质平平的男士和女士不断提高自己的人生分值并顺利跻身高水平人才行列的。他们当中有些人后来一直保持在那个高水平线上，而有些人则暂时性或永久性地回到自己之前的平庸状态当中去了。

我曾以个人身份每天对 12 名男性和女性进行访谈和分析，目的是帮助他们寻找到最适合自己的那个精神动力，寻找到最能让他们发挥自己特长、展示自己才能的工作领域，最终使得他们增长自信，成为一个更优秀的人。

在对这些人的分析中，我发现其实经常会有这种情况，那就是有些采访对象在对话时能向我提供他自创的一些很有用的发明，或者是能提出很特别但行之有效的一些建议。

也许就是这些分析在无意中让我们发现了智囊的副作用吧！举个例子，这件事发生在我的一位名叫贡德拉赫的顾客身上。有一天，他带着妻子来找我，我们之间的访谈与分析只持续了不到半个小时，他就提出一种新型的适用于修建公路的互锁砖的构想。这个想法非常实用可行，在全国范围的市场前景也是可以预见的，毫无疑问，它能为他带来巨大的财富。但如果要形容得更为精确的话，应该说是我们三个——他、他的妻子和我一起构思出来的。

酗酒和吸毒成瘾将会把人带进失败深渊

在这一章所介绍的 10 个精神兴奋剂中，有 9 个是可以放心使用的，但也不能过度。如果要把酒精和毒品作为精神兴奋剂并且无节制地摄入的话，则是我们坚决谴责和反对的，因为这种不负责任的做法最终将损伤大脑功能。诚然，过去有许多伟大的文学天才会通过饮酒来寻找灵感，但获得短暂满足，取得了短暂成功后，毫无例外，他们最终也被酒所害，被酒摧残了身心，直至再也无法进行创作甚至是正常地生活。过去曾有两个非常有名的作家，他们的作品都被后人奉为经典传读至今，他们就是埃德加·爱伦·坡和罗伯特·伯恩斯。这两位伟大作家都乐于把酒精当作灵感源泉，迷恋于它的兴奋作用，但最终他们也因为过度饮酒而早早结束了自己的创作生涯。

性是所有精神兴奋剂中功效最为威猛的一种，但它也应该是适度即可。因为它与酒精或毒品一样，过量则反而会使人走向毁灭。过度饮食的毁灭性与其他几种兴奋剂服用过量的后果一样，已经有成千上万个例子证实，过犹不及，对食欲的放纵也会将所有成就伟大事业的可能性摧毁殆尽。

17 条成功法则中有一条叫作自我控制。后面当我们讲到自我控制这一主题的时候，我们会对它进行内容和形式上的扩充，让你明白自我控制其实起到的是一种平衡作用，它能避免人类做出某些过激行为。目前，世界上有三样东西，人类最难以抵挡其诱惑，过度摄入的话，它们的毁灭性也是最强的。它们就是过度地饮酒吸毒、过度饮食以及滥交。它们对人类成功的影响是致命的，而且伤害程度不相上下，排名分不出先后。

为什么大多数人 40 岁之后才会获得成功

有个非常著名的理论曾解释过，为什么大多数人在各自的工作领域通常都要等到40岁以后才会有事业上的突破，原因就在于早年他们花了太多的精力在释放性能量上。怎样将这种能量发散出来呢？“沉湎酒色”这个词形容得足够形象了。以大多数年轻男性为例，在40岁或45岁之前，他们通常都意识不到这一点：相比直接的性行为，其实性冲动更能作用于自己在很多领域的发展。平均来说，这一年龄段的男性（至少适用于此分类人群中的大多数）情感充沛、精力旺盛，他们的性行为也是相当持久和频繁的。这不光是我的观点，而且是建立在对超过两万人的科学观察和分析基础之上的科学论断。针对两万人所开展的合理研究与分析为我们提供了一个非常准确的人类抽样分析结果。

大部分男性在40岁之前，因为将太多的精力都耗费在了暴饮暴食和纵欲之间，所以也没有什么多余的精力去做其他事情。面对食与色这两大诱惑，大多数情况下，男性几乎都无法把持住自己。还有个令人沮丧的现实就是，几乎所有的男性都不觉得过分沉湎于食与色是件很危险的事，是件会影响自己走向成功的事！过度摄入酒精和毒品带来的不利影响几乎尽人皆知，所有人都知道这种过度的摄入对一个人的成功是致命的，但很少有人知道，暴饮暴食与纵欲过度对成功的影响同样是毁灭性的。

在人类所有的感情中，对性的渴望始终是最强烈、最有力、最疯狂的。也正是出于这个原因，如果能将最基本的性冲动利用并转化为其他形式的动力，那么一个平凡普通的人就有机会变成一个能力超群的人。另外，对这种强烈的冲动如果不加以控制，任由其发展的话，那么它也可能会把一个普通人变成低级的野兽。

在这一章行将结束的时候，针对“性对年轻男性和女性到底有没有坏处”这一话题，你可能会发现，我仍然没能给出一个确定或者哪怕是简短的回答。其实我的回答还是有的。总结一下，我想说的是：由于该领域的专家学者们从来没有对性这一话题进行过相关知识的普及和自由的讨论，最终造成了大众对性的无知，而其直接后果就是各个年龄段的人都很容易受到性冲动的负面作用的影响。此外，如果有人感觉我这段简短的回复可能会伤害到这一代年轻人的感情的话，那么我希望这些人能看清这一事实：大多数年轻人所接受的性教育都不够权威，甚至不如本书所介绍的权威，而且他们所接受的性教育都是非常狭隘的，只与最基本的性行为有关，绝不会像本书一样能提及性能量与天赋间的密切联系。在他们那些性教育的来源中，从来不曾认为世界上还存在这样一种可能性，那就是性冲动还能转化为可以传世的伟大艺术和文学作品，还能转化为商业领导力以及其他可以在所有领域大放光彩的助力。现在是一个任何人都可以坦率地探讨生命的伟大奥秘的时代，性这一主题也应自然而然地包含在其中。最后我想说的是，对性的渴望是天生的，是人的生物属性之一，我们不能将它压抑在永久的沉默里！事实上，性冲动是人类最美好的情感，性关系是所有人类关系中最美妙的关系，那么，我们为什么还要将这么美好的事物掩藏在浓黑的沉默里呢？为什么还要用暧昧不清的语句把它形容成丑陋不堪的事物呢？

这就是智囊这一主题的结尾。下面就让我们一起来探讨一下 17 条成功法则的第 2 条。因为本书篇幅有限，接下来的 16 条，我们都无法像“智囊”这一章这样对它们一一进行深入的展开和讨论，对此，我感觉非常抱歉和遗憾。

第　二　章

成功第 2 阶：目标明确

人类的大脑思想有时就好像是在内部藏了一块磁铁，它能始终牢牢吸住别人大脑里的某个主导思想，尤其是那些可以构筑出某个主要目标或是主要目的的思想。

想要在任意一份事业上取得成功，你就必须在那件事上为自己树立起一个明确的目标。为了达到你的目标，你必须要有个清晰准确的工作计划。如果没有这样的一个工作计划，没能日复一日按照这份计划来进行系统化的不间断的工作，你的目标将永远无法达成。

之所以要将一个明确的目标放在 17 条成功法则的靠前位置，是因为如果没有这条的话，其他 16 条法则都会变得毫无意义。**一个人如果连想要完成的目标都没有的话，那他怎么会想要获得成功，又怎么能知道自己将会在什么时候获得成功呢？**

在过去的 20 多年里，也就是本人在对涵盖了几乎所有行业的近两万个人进行访谈与研究的时候，可以说，他们当中所谓的失败者占到了 95%，很令人吃惊吧？这就意味着他们当中很少有人能做到人尽其才，很少有人能认清并发挥自己的长处，尽自己所能去开创自己的美好人生。而剩下的 5% 则是通常意义上的成功人士。这里的成功指的是他们的收入不光可以满足自己的各种需求，还能存一部分下来以保证自己的财务独立。

现在，我们就能看到一个显而易见的事实，那就是这 5% 的成功人士都有一个明确的主要工作目标以及一个为了达到目标而制订的工作计划。换句话说，那些知道自己想要什么，并且能有计划地一步步获得自己想要的东西的人，都是成功的。而内心不知道自己想要的是什么的人，也就注定一无所获、一事无成了！

以销售为例，如果想把源源不断的客户当成目标的话，那么就必须把一个清晰明确的，可以将随机来临的客户培养成为“回头客”的销售方法编制成工作计划。这个计划可以是这样的，也可以是那样的，但无论怎样，它都应该是独特的，并且具备以最大限度让利客户、吸引客户眼球的特质。任何一个销售人员都可以让进店的客户自愿买走他的某个商品，但并非所有人都能够在销售过程中掌握供货的艺术，而就是这样一种看不见的东西会影响你的客户一次次地回到你这里继续购物。从这里，你就应该能看出一个明确目标的必要性以及与它对应的工作计划到底有多重要。

在某些社区里，汽车修理店就如同便利店一样到处都是，而且可以说每家汽修店所能提供的服务项目都大同小异。但尽管如此，还是会有一些车主情愿多开几千米路去自己最喜欢的门店为汽车做保养或是检修。

那么现在问题就来了——为什么这些人会这样做呢？

我的回答是：“人们喜欢光顾对他们倾注了感情的店。”“对他们倾注了感情”是什么意思呢？你会对一株植物倾注感情吗？我指的可不光是为它做些浇水之类的最基本的养护。你会为它“摘去枯花”，帮它把枯萎或是死去的部分除掉；你会关注季节与天气，按照日历的提示为它施肥；你会观察它身上有没有长虫子，有的话就一定要帮忙除掉。任何一个优秀汽修店的老板就好比这样一个园丁。他会帮你注意你的车子，看你的轮胎是不是开始磨平了，皮带是不是开始受损了，防冻剂是不是要添一些了或是右转信号灯是不是快炸掉了。通过这样或是那样一些方法，一个优秀的汽修店老板就能让顾客看到：这可是我为你提供的私人服务哦！慢慢就能取得顾客对他的信任。所有这些可不是偶然发生的。这其实就是一个明确的计划，也是有着明确目的的一种行为，而它的目的就是让车主们成为“回头客”，成为这家店的忠实顾客。我举这么一个例子，就是想对“一个明确的主要目标”的意义进行简短的解释说明。

下面，就让我们一起来进行深入一些的研究吧，看看“建立明确的主要目标”这一成功原则到底是建立在怎样的心理学原理基础上的。经过对涵盖几乎所有行业的 100 多位领导人的仔细研究，我们曾公开发布了一个研究结果，那就是他们都有一个明确的主要工作目标，并且为了达成目标，他们都制订了一套对应的、明确的工作计划。

人类的大脑思想有时就好像是在内部藏了一块磁铁，它能始终牢牢吸住别人大脑里的某个主导思想，尤其是那些可以构筑出某个主要目标或是主要目的的思想。以销售行业为例，假如有人制定了一个明确的主要目标，也制定了每天的工作目标。接下来就会有 100 个新的顾客过来定期购买你的商品或是服务。所以，你的那个目标将会形成一个占领主导地位的思想，它将会驱使企业老板去尽自己的所能来留住这 100 个客户。

汽车制造商和其他商业行当都把只能在某地区销售的汽车或其他商品的数量称为“配额”。这些“配额”一旦定下来，那么当地所有的汽车或其他商品的经销商就会竭尽全力完成销售任务，这就形成了一个明确的主要目标。很少有人会无法完成配额的销售任务，但还有种众所周知的情况就是，如果不设立“配额”的话，他们当中很多人就可能无法达到那个销售量。换句话说，想要在销售或者做其他工作时大获成功，一个人就必须要为自己设立一个明确的目标，可以肯定地说，如果没有这个目标存在的话，你的最终销售结果或是最终目标完成情况通常都会大大缩水。

大脑科学研究人员、物理学家、心理学家、精神科医生、法律顾问以及教育工作者都一致认同一个观点。这个观点简单来讲是这样的：发生在你人生中的事件与你的思想和信仰之间存在某种密切的联系。因此，**任何一个有着明确人生目标，有着能够靠自己的能力去实现目标的坚定信念的人，是永远无法被打败的**！也许他会遭遇暂时的挫折，甚至其次数会远超你的想象，但他永远也不会失败！绝对不会！

有一个办法能够让你永远不会受到批评：什么也不想，什么也不做，不去做就不会错！找个像洗盘子这样的机械劳动，洗去你的野心，抹掉你的理想，就这么简单。这一招屡试不爽，永远行得通。

所以，你最好还是选择能通向成功的那条路。在那条路上，我们需要知道的第一步是，你到底要去往哪里，你打算怎样去以及你认为自己什么时候能够抵达终点，换句话说，就是你必须为自己定下一个明确的目标。关于这个目标，你必须比身边其他人看得更清楚，记得更明白，同时也理解得更深刻。如果在你的目标中有任何不明白的地方，那么它就不算是明确的。一个成功的领导者只要知道了到底什么才是自己想要的，他其实就已经达到了 90% 的成功，这是毋庸置疑的。

当你在纸上写下你的主要目标时，那么你就应该在自己的潜意识中同步地勾勒出有关这个目标的蓝图，为自己树立起一份足够坚定的信念。尽管里面有些作用机制就连最具智慧的科学家都没有研究出来，但我们应该知道，潜意识对人有着非同一般的影响，它就如同一幅蓝图，会引导你的大脑去想尽一切办法将理想变为现实，始终敦促着你朝实现目标的方向努力奋斗。

有些事是你不能去多加权衡或者反复斟酌的——这也许是个有些奇怪同时也很抽象的真理，但它又确实是这么回事！

如果你学习到了后面的想象力法则以及其他一些成功法则后，相信你会有兴趣对本章这一古怪成功法则的奥秘进行更深入的探索。

第　三　章

成功第3阶：自信

怀疑者都绝不会成为创造者！

一个明确的目标是所有伟大成就的起点，而自信则是驱使并引导一个人将他的目标变为现实的隐性动力。

17条成功法则中的第3条就是自信。这个词要怎样解释呢？它意味着为了获得成功，你必须始终都相信自己，对自己要有信心。但是这也并非意味着过度地相信自身。这首先是要求你对自己有个清楚的认识，知道自己在哪一方面的能力是特别强的，知道自己的哪些性格特质是特别有用的，然后为了实现自己的明确目标，你需要结合自身的这些条件，相应地制订出一个明确的行动计划。

在世界上所有的语言中，从来没有其他词会像“信念”那样，在每种语言中的意义都非常一致或者非常相似。不要觉得信念是种多么神奇的力量，就算有些事情的发生简直像个奇迹，但其实它也不过是得益于某种超强度的信念的存在而已。**容易让人起疑的思想绝不会是具备创造力的思想。**任何一个行业领域的伟大成就，都不会只凭某种坚定的想象，不通过任何努力就可以轻易实现。不信的话，你尽可以仔细搜索一下相关记录，你肯定会无功而返的。

为了获得成功，你必须有这样一种坚定的信念，那就是——**始终相信依靠自己的能力，你一定可以梦想成真**！同时，无论你是管理者还是被管理者，你都必须帮助你的团队成员树立起坚定的信念。关于此举的心理学原理，我会在后文中的“合作”这一章进行详细阐述。

怀疑者都绝不会成为创造者！如果哥伦布在做出判断的时候缺乏自信和坚定信念的话，那么这块世界上最富有、最荣耀的大陆就不会被发现，而这段历史也将永远不会在时间长河中留下一朵水花。如果乔治·华盛顿和他的同胞在1776年没有足够的自信的话，康沃尔的敌军就不会被打败，今日的美利坚共和国很可能就要被国土以东3000英里的一个小岛国所统治！

一个明确的目标是所有伟大成就的起点，而自信则是驱使并引导一个人将他的目标变为现实的隐性动力。没有自信，你的成功将永远只能是个远大目标而已，而这样的目标是全然无意义的。很多人都会为自己设定一些含糊不清的目标，但这些目标最后都不了了之，原因就是他们缺乏自信，觉得自己无法达成这些目标。

恐惧是自信最主要的敌人。从某种程度上来说，世界上所有的人都会受到六种基本恐惧的影响，只有掌握了应对它们的方法，你才能拥有足够多的自信去获取卓越成就。

以下就是人的六种基本恐惧：

1. 对批评的恐惧
2. 对疾病的恐惧，害怕身体出现健康问题
3. 对贫穷的恐惧
4. 对年龄增长的恐惧
5. 对失去某人的爱的恐惧（也就是通常所说的嫉妒）
6. 对死亡的恐惧

因为本书篇幅有限，我们无法对这六种基本恐惧的表现方式以及产生来源进行长篇大论的阐述，但它们通常都与一个人小时候的生活环境、受到的教育、听说过的鬼故事和有关“地狱之火”的讨论以及

其他一些生活经历有关。把对批评的恐惧放在第一位，原因在于，在这六种恐惧中，它可以说是最常见，同时也是最具破坏性的一种。有人说害怕在公众场合说话才是最常见的，但很显然，害怕被批评才是其深层原因所在。不管当时的情况有多么紧急，或者是某个工作或销售任务有多么需要他开口，有时候公司老总和小学生的反应可能都是一样的！最常见的比如掌心出汗或者哑口无言（有个传统的应急方法似乎可以化解这种恐惧，至少能暂时发挥作用，那就是让讲话者幻想对面根本就没有人，自己是在对着空气说话）之类的。这就向我们揭示了一个真相：恐惧的发生是件很自我的事，它一般就是由纯粹的虚荣心引起的。

服装厂商们每年都能获得巨额利润，这要归因于他们深知人类都有着对批评的基本恐惧，某种程度上我们甚至可以说，大多数人都是这方面的胆小鬼，因为大多数人都没有勇气穿着已经不再流行、过季的衣服走出门。同样的道理，也是因为对这一基本恐惧的认识，汽车生产商们总是会在新一季推出全新设计的车型，以满足想以此来彰显自己身份地位的人的需求。

在你与成功之间存在的巨大障碍就是自信心不足，想要战胜这一障碍，你的当务之急就是建立起自信心，所以你必须学会认清自己，找出你到底需要战胜多少种基本恐惧。经过几天的学习、思考与反省，你才能着手清理横亘在你与你的自信心之间的所有恐惧。一旦你能发现这些敌人，你就可以轻装上阵，将它们一一消除。具体的过程，我将会在后文中详细讲解。

对疾病、贫穷、年龄增长和死亡等的恐惧是受过去年代的教育的持续影响而造成的直接后果。尽管那些信仰至今仍存在于某些特定地区，但事实上，在过去，大多数人都被教育说，死亡会把人带入一个水深火热、万劫不复的世界中去。它之所以能够一直存在，也许就是因为早年这类教育过于深入人心，过于震撼，所以恐惧便深深嵌入了那个时代的人的潜意识中，同时通过父母传给子女这种口口相传的方法，大家一代传一代，直至这些说法流传至今。科学家们对于这种恐惧能够通过物理遗传由父母传给子女的具体程度持有异议。但是他们普遍同意这一观点：当着孩子的面来讨论这类事情的话，确实会在孩子的潜意识中深深种下一颗恐惧的种子，只有内心饱含勇气，饱含一定能战胜恐惧的坚定决心和信心，才能消除内心已经产生的伤害。

对失去某人的爱的恐惧（嫉妒），是从人类的蒙昧时代开始就一直流传下来的，那个时候，人类有着通过武力去夺取自己同胞的配偶的习惯。在一定程度上，现代社会中也存在有人去窃取他人伴侣的现象，只是方式与过去不同，现代人的诱惑方法要复杂得多：体贴对方，办公室里的过分亲密举动，一份贴心的礼物，一顿丰盛的晚餐，等等。你的配偶可能不会像史前时代那样，被一个挥舞着大棒的爱慕者拖进他的山洞，但在现代社会中，你一样很容易在脑海中产生类似的危机感。因此，害怕失去爱（或嫉妒）的这种恐惧有它特定的生物性基础和经济基础。嫉妒属于一种精神混乱，因为它的存在是毫无具体理由的，它通常只是与痴心妄想这类词同义。尽管如此，这种恐惧仍然会给人造成无尽的痛苦、烦恼和挫败感。只有理解了这种恐惧的本质，知道如何去解开这个心结，你才算是迈出了克服恐惧的关键一步。

作为我这套成功学说的学生，我认为你们每个人都应该做些补充阅读，尤其是可以选择创造了杰出成就的那些人的传记。因为这样你才会真正学习到，原来与你的想象不同，他们的成功历程都不是一帆风顺的，他们都曾经历过暂时的失败。但是，他们都没有屈服于自己那些叫人失望的惨痛经历，而是树立起了足够的自信心去跨越自己成功路上的每一个阻碍！

在汗牛充栋的此类补充阅读书籍中，我想推荐由拉尔夫·瓦尔多·爱默生所著的《论补偿》和由托马斯·潘恩所著的《理性时代》。深入阅读这两本书，非常有助于我们建立起自信。因为它们都能帮助我们更好地去理解这么一个问题——为什么生活中可以有那么多不可能的事发生！

第 四 章

成功第4阶：储 蓄

如果一个人没有储蓄的习惯，他就不可能善于保护自己的财产并让自己的财产增值，而这样的人能否建立起最高程度的自信呢？我们恐怕都会持怀疑态度。

一直存在这样一个让人稍觉尴尬但又千真万确的事实：人们通常不会认为一个生活窘迫的人也会获得令人瞩目的成功——除非这个人的贫困是策划出来的，是带有目的性的。如果是那种情况的话，那它就是件太简单的事了，而且也应该是另一本书的主题。有钱并不意味着成功，也许我们可以认为这种说法是对的，但除非你已经非常有钱了，或者你可以在日常生活中挥霍自如，那么无论你认为自己的主要目标是什么，它通常都会与“有钱”挂钩。因为今天我们主要围绕的是商业领域，并且作为现代文明的标志，钱对于成功是非常必要的。可惜目前除了以这样或那样的方式提到过规律性储蓄这一话题外，还没有哪本书对财务独立进行过详细的阐述。

只要你能做到定期及系统性的储蓄，那么每周或者每个月的存款总数长期积累下来，你的收益将非常可观。这个结论真实可信，因为储蓄能帮助你在自己身上培养出其他的成功品质。而储蓄的这一作用，绝对是无可替代的。

如果一个人没有储蓄的习惯，他就不可能善于保护自己的财产并让自己的财产增值，而这样的人能否建立起最高程度的自信呢？我们恐怕都会持怀疑态度吧。众所周知，一个人只有在银行里面有存款，他才会有自信和自立的底气，而这一点，只有金钱能做到，其他方法都是徒劳。

一个没钱的人更容易被人利用和欺侮。面对那个利用或是欺侮他的人，如果没钱，你根本拿人家一点办法都没有。一个人如果不存钱的话，那他就没有钱可以去提供个人服务，没有东西可以拿出去跟别人进行交易。那么当他得到了能通过交易或是通过其他方式来赢利的机会时，他便无法把握住，因为他没有钱，也没有信用去把握，你应该知道，信用一般也是建立在金钱或其他等价物基础之上的！

其实当成功法则这一成功学说刚刚被创造出来的时候，储蓄这一法则并没有被收录到这 17 条法则当中来，直到成千上万的实践过本学说的人都发现，每当他们就快要达到自己的既定目标，就快要成功的时候，最后总是功亏一篑，希望总会在最后关头变得跟泡沫一样消失不见。这究竟是为什么呢？我和其他成功学学说的创始人进行了长达几年的研究，围绕的主题就是：为什么我们提供的方法只能勉强达到预期目的呢？为什么仍然有人无法到达成功彼岸呢？通过几年的实验和研究，最后我们终于发现，原来我们遗漏了一条成功法则，而这条法则便是今天我们要说的“储蓄的习惯”。

当这条法则被补充进我们的成功学学说之后，它的作用是有目共睹的，我们的学生的业绩毫无例外都有了起色，现在，有数不清的例子都可以证明，使用我们的学说的人都顺利地获得了自己想要的成功，几乎没有一例失败的样本出现。

如果你不能按一定比例将自己的收入存起来的话，那么你的总收入金额再大，其意义也是不大的。如果你不能将自己的收入存起来一部分的话，那每年 1000 万美元的总收入也未必会比每年 1 万美元的要好。事实上，如果你过的是一种挥霍无度、挥金如土的生活，相比那些收入很少的人，你每年 1000 万美元的收入可能也不是什么好事，因为你的生活方式、理财方式很可能会摧毁你的身心健康，同时也会摧毁你的诸多成功机会！

关于亨利·福特如何获得惊人成就和巨大财富的故事，相信数以百万计的人都已阅读过。但我几乎可以保证，这些人里，只有不超过 1/1000 的人会费时费力地对福特取得成功的真正基础做出足够深入的思考。我做过一个测试，给 500 人列出了包含 12 个基本点的大纲，它们在很大程度上已经包含了福特能取得成功的大致原因。在这个大纲中，有一条说的是在福特的所有工厂里，每年光是从地板上扫来的和从垃圾堆里捡回来的零钱总额就能达到 65 美元。这 500 个人中，没有一个人注意到了这一条并留下深刻印象。这 500 个人都没有发现，或者说是他们发现了也没有留心到这么一件事——福特一直是个能做到系统性存款的人。

我们都非常了解美国人的消费习惯，但很少有人会关注到节约这一生活习惯的重要性。伍尔沃斯曾在他那个时代建造出了世界上最高的摩天大楼，并且他还曾从美国人扔进垃圾桶的垃圾中收集并积累了超过一亿美元的财富！爱花钱是大多数人的一个生活习惯，但有储蓄习惯的人则不同，他们做起事来通常显得更加专心致志！

上面的那个实验已经表明，总的来说，大多数生意人都不会轻易把自己的资源、地位以及责任交付给那些没有存款习惯的人。当你想要把某人推荐到某个职务上的时候，相信有储蓄习惯的人才是最佳选择，排序的时候，这类人肯定都能稳稳站在第一序列的队伍之中。

在本书后面的段落中，詹姆斯·希尔（本成功法则的权威发言人士）也会说道，**有一个规则可以用来判断一个人是否能在生活中取得自己想要的成功，而这个规则，简单地说，就是看那个人有没有系统性存款的生活习惯**！

第 五 章

成功第5阶：主动性与领导能力

地球上的人一般都可以被分成两大类。一类就是我们所说的领导者，而另一类就是被领导的人，也就是追随者。

一个人的所得不仅跟他的所知有关，更重要的应该是他能利用自己的知识做些什么，或者是他能号召别人去做些什么。

地球上的人一般都可以被分成两大类。一类就是我们所说的领导者，而另一类就是被领导的人，也就是追随者。追随者一般都很难取得引人注目的成绩，如果不能摆脱他们的族类并进入领导者行列的话，那他们几乎一生都不会获得人生成功的体验。

在这世界上某一类人群中，一直有个错误的观点被常年广泛传播，它说的就是一个人的所得与他的所知是成正比的。这只是一条部分正确的真理，与所有其他部分成立的真理一样，它比彻头彻尾的谎言更具毁灭性。

事实上，**一个人的所得不仅跟他的所知有关，更重要的应该是他能利用自己的知识做些什么，或者是他能号召别人去做些什么。**这里说的“别人”就是那些不具备主动性的人，要知道，没有主动性意味着永远都无法获得成功，无论这个人的内心多么想获得成功。因为这种人对生活的要求从来都是只求现世安稳的，他们只想过平淡、规律、稳定的生活。工作只要能带给他们一处睡觉的地方、足够饱腹的食物和可以蔽体的衣服，他们就满足了。如果一个人没有主动性也没有领导能力的话，上述三种生活必需品他们都可以轻松拥有。一旦他们有了想去超越现有生活层次，追求更高品质生活的念头后，他们就不光要培养出自身的主观能动性和领导能力，还要努力发掘出隐藏在最深处的那个自己。

想要发展自身的主观能动性和领导能力，你要走出的第一步，也是最基本的一步就是，**培养出自己能够迅速又果断地做出决策的行为习惯。所有的成功人士都掌握着能果断做出决策的心理能量。**

而那些喜欢在两个或两个以上的选择中摇摆不定的人，那些对于自己真正想要的东西感觉模棱两可，没有明确目标的人，最后都成了一事无成的人。

关于是否要建造巴拿马运河的话题在几代决策层中都有过交流，但建设运河的实际工作却始终停留在计划层面，迟迟没有全面展开，这种情况一直持续到西奥多·罗斯福坐上美国总统宝座。正是他对事业的主动性，使得这一伟大决策最终成就了他的声望和名誉，他的决策果断也正是他作为一个国家伟大领袖的稳固基础。他准备了一个详细的财务构成表呈交国会并获得通过，为其修建运河的决策提供了财力支持。为了开展这项工作，他始终满怀自信，始终保持着一流的精神状态，再加上他明确的工作目标以及为了达到目标所制订的明确工作计划，还有他的行动力，不成功才怪！只存在于传说中的巴拿马运河最终变成了辉煌的现实！

想要成功的话，只拥有一个明确的目标和为了达成目标而制订的明确工作计划是远远不够的，即便你的计划有着完美的实用性，你离成功的距离仍然是非常遥远的，你可能还需要具备一些基本能力去将这一揽子计划一一落到实处。你需要具备的条件恐怕还远不止上述那些。你必须将自己的主观能动性转化为你的成功计划之轮，让你的计划运作起来、滚动起来，一路向前，不要停歇，直至最终圆满驶向成功的彼岸——达成你期望的目标。

仔细观察并且研究一下你所认为的失败者们（你会发现自己身边净是这些人！），你会发现，几乎没有一个例外，他们肯定都是些在做决定时不够果断的人，即便面对的是最微小琐碎的事情。这样的人通常都是语言上的“巨人”，行动上的“矮子”。对所有想要获得成功的人来说，**无论你们的需求是什么，无论你们选择将什么东西作为你所追求的最终目标，你们的座右铭都应该是少说多做。**

缺乏果断决策的下场就是工作局面一片混乱。当你做出决策时，就应该想到它会给你带来怎样的后果以及自己能否承担那样的后果。有了这样的心理准备，那么对你来说，相信没什么结果算得上太坏或者太可怕。同样的道理对被判了死刑的人来说也非常有效。在他行刑前的半小时里，有人问他心里有些什么感觉。他回答道：“嗯，事实上我并没有非常恐慌。我早已经想好了，我反正也是要死的。不管是现在死还是几年后才死掉，我都觉得没什么。因为我的生活里净是给我带来无限伤心的挫败感和源源不断的麻烦事，已经没有什么值得我留恋的。好在这些马上就要结束了，我就是这么想的。”

对这个人来说，其实他获得的是一种解脱，面对他自己所选择的生活，他再也不用承担什么责任了，也就是这样，他才会最终迎来这么一个不光彩的人生结局，结束生命也许是他的一个正确选择。

英明杰出的领导人通常都是些可以快速做出决策的聪明人，但我们并非想说在短时间内做出的决策就一定是明智的。有些情况就要求进行一番深思熟虑，运用集体的智慧来审议，对预期的结果进行研讨，等等。然而，当需要把所有的可能性都收集聚拢到一起来讨论，它也不应该成为你推迟做出决策和执行计划的理由。除非你能在短期内掌握业务技能，否则，**一个有着拖延习惯的人是永远无法成长为一个高**

效的领导者的。

尤利乌斯·恺撒早就想带兵远征另一个国家，但因为他无从考量自己的战士们是否足够忠诚，所以他一直犹豫不决。最后他终于想出来一个计划以确保所有的战士绝对忠诚。他先将所有的士兵都运到战船上，带着他们驶向敌国的海岸，当战船靠岸，所有将士都带着自己的武器登陆后，他按抵达顺序将所有的船都一把火烧掉了。然后，他转向自己的将军们大声说："要么是胜利，要么就是死亡！我们别无选择！请将我的话传给你部队里的士兵们，让他们知道，要么是我们要了敌人的命，要么，就是敌人要了我们的命！"于是所有人的斗志都被激发了出来，他们都全力以赴投入到战斗中并最终取得了胜利。尤利乌斯·恺撒赢就赢在他帮所有的战士做出了"不成功，便成仁"的果断决策！

格兰特总统也说过："我们一定要战斗到底，哪怕整个夏天都将在炮火中度过！"尽管这个决定有缺陷，但他始终坚持着自己的决定，最终也获得了胜利！

当随船的一个水手问哥伦布，如果接下来的一天里仍然没能捕捉到一丝有陆地存在的痕迹的话，他会怎么做。他的回答是："如果明天我们仍然看不到陆地的话，我们就继续航行，继续寻找！"这个人和所有最终获得了成功的人一样，有一个明确的目标，一个为了达成目标而设定的明确计划和做出了决定便决不随意改变的决心。

众所周知，**如果一个人没有被逼到无路可退的境地，没有被压力压到无法喘气，他就很难发挥出自己的全部潜力，无法做到最好**。猝然爆发的危险会使得一个普通人的身心都爆发出超人的、远高于平时水平的勇气和力量。

有一次，当拿破仑在指挥自己的骑兵部队作战时，他惊讶地发现就在自己的行军路线上，有一条深深的壕沟被伪装成了平地，估计敌方正等着他们陷入后将他们一网打尽。于是他下令等待，等前方阵亡的士兵和马的尸体将那个壕沟填平了，他再带领部队跨过那个壕沟与敌军作战。碰到这种极端战况，真的是十分需要他做出一个足够郑重的决策的，此外，这还应该是个瞬间拿出的决策，没有太多时间给你斟酌利弊。如果有一分钟的动摇或是犹豫，他的部队就会被敌军大败，后果将不堪设想。但千钧一发之际，他出人意料地将不可能完成的任务完成了，拿破仑赢了。

在销售界，几乎所有的销售人员都听过这种千篇一律的借口：“我考虑一下，之后我再联系你吧。”这句话的言外之意其实是：“我才不想买呢，但我没有勇气直接做出选择并且坦率地将我的决定说出口。”作为一个领导者，作为一个深知主动性有着怎样价值的人，真正的销售界领导者决不应该任由这样的借口就此成为结束语。你应该立即做出回应，协助顾客完成他的考虑行为，在短期内促成交易继续推进直至成功将自己的商品销售出去。

第　六　章

成功第6阶：想象力

想象力作为一种才能，没有固定的价格或价值。它是我们心灵中最重要的能力，因为它能作为一种驱动力驱使我们拿出行动来，将自己的想象变为现实。

如果不运用想象力的话，任何一个人都无法做成任何一件事，也无法创造出任何东西，更谈不上去制订出某个计划或是设定某个明确目标！**所有的事物在被创造或是被构建之前，第一步都要靠你在思想上将它虚构出来，而这靠的就是想象力。**

在一切成为现实之前的很多年里，约翰·沃纳梅克（已故）就在自己的想象中构思好了以自己名字命名的庞大商业帝国中的一切细节。尽管当时他根本没有那样的巨资来创建这样的企业，但他仍然想要将它创立起来，他非常期盼在自己的有生之年能够实现梦想，期盼能亲眼看到自己的理想一步步变成辉煌灿烂的现实。

在想象中，你可以将一个可能算得上常见、众所周知的想法或观点与其他一些常见的想法或观点融合，而这种融合的结果很可能将会产生一个全新的观点！这一过程算得上所有新发明的主要形成过程！

一个人可能已经具备了明确的主要目标和为了达成目标而设定的工作计划，具备了足够的自信，具备了坚持多年的储蓄习惯和做事情的主动性与领导能力，但如果他身上缺少了想象力这一必备元素的话，那么他身上所有上述品质都是起不了什么作用的。因为他会缺少将上述品质集中起来为我所用的驱动力。你在想象的时候就可以规划好自己所有的工作计划，如果没有先行将你的计划想象出来的话，那么除非是一些极其偶然的个例，否则你很难创造出什么成就。

想象力就好比一个证人，它可以从头到尾地见证一个成功的计划：克拉伦斯·桑德斯是知名连锁超市“小猪店”的创始人，他始终坚信自己的一个可以说是“借来”的新想法会给他带来巨大成功，而且这个想法还是建立在一个餐饮售卖系统的基础之上的。当时，桑德斯先生还只是一家杂货店的营业员，他走进一家餐厅准备享用午餐，在食品柜台前排队等候点餐的时候，他的想象力开始发挥作用了，他的脑海中冒出了下面这些想法：

“人们似乎都喜欢排好队然后自己来点餐呢！而且，我感觉这样就不需要用很多的店员了，因为大多数人都可以自己动手完成这个流程嘛。如果这样的销售模式可以引到我的杂货店里来，那岂不是皆大欢喜！人们在进店之后，可以提着篮子自己在店里逛，看到自己想要的东西就放到篮子里去,等到要出店门的时候再一起结账，多方便！”

当时，就是凭着这一星半点的“想象力”成分，桑德斯先生将这一想法的种子播撒了下去，并于不久后成立了自己的自助式服务商店“小猪店”，经过多年苦心经营，他的商店遍地开花，他也成了一名千万富翁。

想法是人类思维中最有利可图的产物之一，它们都是被想象力创造出来的。“分币杂货店”为我国市民服务了很多年，深得民心，它就是被想象力创造出来的。这种店铺的销售模式由伍尔沃斯首创，它的产生过程是这样的：伍尔沃斯当时在一家杂货店里当营业员，这家杂货店的老板跟他抱怨说，仓库里有一大批快过期的滞销商品，他可能马上就要把这批货物扔进垃圾箱里运走烧毁。听到这些，伍尔沃斯的想象力开始发挥作用了。

“我有个好想法，”他说，“为什么不把这批货物卖掉呢！我们把它们放在一张大桌子上，在桌子上再竖块大牌子，上面写着‘桌上所有货品每样均价十美分’。”

这个想法似乎很可行，所以杂货店老板就尝试着这样做了。没想到，这种营销手段取得了成功并得到了进一步发展，发展到后来，就是遍布全国的大型连锁商店伍尔沃斯商超的成立。伍尔沃斯用自己的想象力创造出了一个典型的美国成功故事，他的名字也因此家喻户晓。

想法在商业领域是非常有价值的，一个人如果能培养出自己的想象力，进而产生一些好的想法和点子，那么他迟早会发现自己体内其实蕴藏着一股能带领他走上财务成功道路的巨大能量。

托马斯·爱迪生正是运用了自己的想象力才发明出了白炽灯泡，当时他只是试图将两种常见的、众所周知的想法用一种以前从来没有尝试过的方法进行融会贯通，没想到大获成功了。将你的想法产生的过程进行一番简要的说明，有助于你完善自己的想象，有助于你利用大胆的想象去解决问题，克服障碍，为你在任何领域的成功奠定坚实的基础。

其实有关电灯泡的基本想法是早已存在的。爱迪生发现，早在他之前，就有研究人员发现可以通过对一根金属丝通电的方法让它发出光亮。也就是说，加热金属丝就能让它发出白光用以照明。但随后问题就产生了，因为当时一直都没有人可以找到一种能控制住热度的方法。如果热度过高、光线过亮的话，金属丝很快就会被燃尽。

经过多年的实验，爱迪生突然想到了一个众所周知的燃烧木炭的老办法。他第一时间想到了这一发热原理，并最终掌握了想要通过加热金属丝让灯泡发亮的话，应该如何控制热度的奥秘。

木炭就是由生长在林中的树木制作而成的，它可以用来生火，接着你只需要用泥土将它覆盖住，让它与空气中大部分的氧气隔绝开就可以了。这种方法可以让木材得到缓慢的燃烧，因为接触到的氧气不够，它就不会产生明火，更不会马上被烧光。带着对这一燃烧原理的认识，爱迪生走进了他的实验室，将用来做实验的金属丝放进了一截真空管中，这样做便可以做到完全与氧气隔绝。接着他给这段金属丝通电。瞧！一个完美的白炽灯泡做好了！因为灯泡里面没有氧气，所以灯泡里面的金属丝绝不会突然燃起大火并被迅速烧光。

因此我们不难看出，现代发明的最有用的途径之一，便是将两种现成的想法用一种全新的方式进行融会贯通。

日光之下无新事!

无论一种事物看上去有多么新奇，它的本质都不过是一些旧的想法或元素的全新组合而已。在制订一份商业计划或进行发明创造、专利申请，甚至包括制作一件金属制品在内的、由人类大脑构思出的一切物品的时候，这个道理都是行得通的。

所谓的基本专利，意思就是一个全新的、迄今为止才刚刚被发掘出来的事物工作原理，在被正式申报之前，它在专利局几乎是不存在备案的。每年都有成千上万的专利被申请和授予，但从本质上来说，它们都不过是对一些早已存在的、众所周知的原理进行了全新的组合而已，而那些原理其实之前早已被用于不同的用途。

当桑德斯先生创建了他那家著名的“小猪店”连锁商店时，他甚至没有将两种想法进行融合。他只是将一种已有的想法用自己的方式进行了解读和利用而已，换句话说，他只是使用了“旧瓶装新酒”的方法，只不过要想到这种方法也是非常需要想象力的。

培养出了想象力之后，我们最终的目标是让你能够主动地提出想法和意见。当你在自己的行业内工作的时候，你应该学会记录下工作时自己所接触到的一些事，不论是领域内还是领域外，无论是否与你手头上的工作有关，你都应该多多留心，将自己的思想火花记录下来。最开始，你可以用一本普通的、口袋大小的记事本，将你认为实用可行的所有想法、念头或是思考记录下来，并罗列出一个目录，然后再将这些想法变为你的一份全新的工作计划。随着时间的推移，所有的这些想法就会汇聚成一种想象力，沉淀在你的潜意识仓库中。在这个仓库里，存储的都是你一直以来积累下来的各种知识，你可以试着将自己的知识储备进行全新的组合，那么此举的结果将是显而易见的。它就是你的新思路、新想法！

这一过程是非常可行的，有些人正是因为遵循了这一方法，最终成了著名的政治领袖、发明家和商业领袖。

“所有你想象中的东西都可以变为现实。”毕加索曾这样说过。

让我们在这里将“想象力”这个词好好定义一番吧，它堪称“大脑的工作车间”，它能将一个人脑海中的一切想法、思考、计划、现实、原则和理论进行全新的、广泛的融合。一个融合之后的想法，也许只是源于一个早已存在的、众所周知的旧想法而已，它可以说是分文不值，也可以说是价值连城。

想象力作为一种才能，没有固定的价格或价值。它是我们心灵中最重要的能力，因为它能作为一种驱动力驱使我们拿出行动来，将自己的想象变为现实。

是的，**梦想家就是会运用想象力来创造梦想的人**。但通常梦想家们也都是些不能脚踏实地的家伙，他们总是拿不出实际行动来将自己的梦想变为现实，他们通常都没有动力。有主动性的人会在想象后着手行动，这时你可以让他（她）来学习我们的成功法则，帮助他（她）认识和理解这一点——如果不能付诸行动，你所有的想法以及你这个人本身，其实都是毫无用处的。

具备了能拿出实际行动能力的梦想家们必须将以下三条法则熟记于心，它们分别是：

1. 一个明确的人生目标的重要性法则
2. 自信法则
3. 发挥主动性和领导能力法则

如果没能受到上述三条法则的影响，那么不管一个人脑海中的梦想、想象以及创造力是否已发展到了最高程度，他都可能很难去将自己的想法付诸行动。

这可是为了你的人生成功而必做的功课呢！可是，你到底该从哪里下手呢？你必须为自己找到这个问题的答案，但总的来说，你还是应该围绕下面这几点来做。

1. 为了让梦想成真，应该选定一个明确的目标，并制订一个明确的计划。

2. 拿出你的主动性，着手将你的计划付诸行动。

3. 拿出你的自信，始终坚信自己很棒，坚信自己一定具备可以成功地完成计划的能力。

不管你是谁，不管你从事的是什么职业，也不管你的收入是丰厚诱人还是少得可怜，只要你拥有一个良好的心态，能够做到灵活运用自己的想象力，那么你就一定能在自己奋斗的领域中为自己开辟出一个立足之地，能收获他人的尊重以及其他所有你所需要的东西。我可绝对没有在开玩笑哦！过程其实很简单，你需要做的不过是以一个非常简单且基本的念头、计划或目的为开头，然后将它逐步完善成某个令人印象深刻的东西。

如果你的想象力不够发达怎么办呢？这个时候，你还可以进行一些有用的发明创造吗？没关系，你一样可以着手锻炼这种能力。你可以以手上正在做的事情为对象，绞尽脑汁发挥想象，创造性地构思出一些能够提高自己工作效率的新方式、新方法。在你自身的强烈意愿下，相信你的想象力将会在某种程度上得到加强，接着你就可以更自信地将它发扬光大了。观察一下你的四周，你会发现，其实能帮助你锻炼想象力的机会无处不在。不要老是等着别人来指挥你去做些什么，学会用眼，通过自己的观察，让你的想象力告诉你，你应该去做些什么。别想等着别人因为你运用了想象力而付出酬劳！你只有最大限度地去使用自身的想象力，你的想象力才会变得更强，这才是给你的最好的报偿！用进废退，只有不断地将自己的想法进行全新组合与创造，你这方面的才能才会更强大。如果你始终能坚持这种练习的话，相信在不久的将来，只要价格合理，你就能做到热情服务所有有需要的人！

以美发沙龙的理发师为例来展开说一下吧，如果有个理发师（或者我们也可以称他为发型师）在某个美发沙龙（可以同时接待男客人和女客人的那种）工作的话，这乍一看好像他没有什么机会能运用到自己的想象力。但事情往往经不起仔细推敲。事实上，任何一个从事这一职业的人都可以运用自己的想象力，去想尽办法让每一个进店的顾客成为自己的忠实顾客，无论是用口才还是特别的发型设计，你都可以让新来的顾客成为你的“回头客”。此外，理发师还可以通过进一步的发散思维，去想一想如何在每天或者每周甚至只是每个月发展一位那样的新顾客，相信这样的方式如果能够坚持下来的话，积累下的顾客数量将是非常可观的，店铺收入也将得到迅速的增加。通过这种提高想象力的练习，凭借着自信和主动性，再加上一个明确的工作目标，相信做到了这几点的人一定会创造出更多的、新的增收计划，一定能吸引到更多来自四面八方的顾客，这一定会是迟早的事，而这个人的事业则会稳稳地驶入快车道，成功指日可待。

一个针对各种职业优缺点的完整分析表明，总体来说，地球上利润最可观的职业要数销售行业了。一个拥有丰富想象力和创造力的人，也许可以创造出某种全新的、用处很大的新发明，但他不具备为自己的发明开拓出足够大的消费市场的能力，因此他在这方面的收入可能就非常微薄了。事实上，这种情况比比皆是。但如果一个人有能力为这个发明开拓出极大的市场的话，那么他可能（几乎可以用“一定”这个词）就可以从中赚很大一笔钱了！

任何一个可以创造出很多计划和想法的人，通常都可以帮助自己所在的企业开发出源源不断的客户，而所有可以让顾客满意而归的人，无论他售卖的是商品还是服务，或是其他所有可以买卖的物品，我们都可以说他已经走向了通往成功的道路。

我们将《成功魔梯：令财富进阶的17条魔力法则》这本书的大纲列出来，目的并不是要告诉学习成功学的学生们应该做什么以及怎样做，我们只是将所有可能引领你走向成功的规则进行了整理，以便任何一个人都可以更好地理解它们。这些规则其实都非常简单，每一个人都可以轻松上手。

第 七 章

成功第7阶：热 情

热情作为一种驱动力，不光能带来更多的权力，而且还非常具有感染力，能够深深影响身边的每一个人。热情可以让一个人跳脱出枯燥沉闷的工作情绪，提高他的工作积极性。

“热情”一词的真正意义并非像大家一说起来脑海中就会浮现出啦啦队的狂热态度那样，热情这一性格品质的重要性远远超过啦啦队。它源于希腊语，意思是“灵感”，同时还包含着跟造物主差不多的深层含义。天生就拥有热情品质的人可真称得上幸运儿呢！

各行各业——尤其是销售行业——的成功人士，似乎是种巧合，毫无例外都是十分热情的人。

对已经拥有了它的人来说，**热情作为一种驱动力，不光能带来更多的权力，而且还非常具有感染力，能够深深影响身边的每一个人。热情可以让一个人跳脱出枯燥沉闷的工作情绪，提高他的工作积极性。**据观察，即使是让劳动者去从事最辛苦且最单调乏味的挖沟工作，只要能让他们在劳动时放声歌唱，他们就会表现得非常愉悦。

在第一次世界大战期间，当美国人要开展行动时，他们总是热情高涨，大声唱着振奋人心的歌曲去投入战斗。在战场上，过长的战线早已消磨了绝大多数参战士兵的热情，所以面对满怀豪情的美国兵，敌国部队难免节节败退。

21世纪初，每逢夏季到来，波士顿的法林百货商店每天都会在店门口安排乐队进行演奏，销售人员则随着乐队演奏的乐曲跳舞。当商店正式开门营业的时候，迎接顾客的销售人员个个面带微笑、兴高采烈、热情开朗，很多人嘴里还哼着刚才跳舞时的曲子。这样的热情将会在销售人员身上持续一整天，让他们感觉工作不再枯燥，顾客们也不会因此而受到怠慢。现在在各家商店里弥漫着的、精心挑选过的背景音乐与当年的乐队演奏有着异曲同工的作用。

同一时期，在战争消耗品行业，因为认识到了在工作场合引入乐队之类的音乐演奏的作用，人们的生产积极性受到极大的良性刺激，在某些情况下，劳动生产率甚至能超出平常的50%！此外，观察人员还发现，工人们不光会在白天劳动时感觉轻松愉悦，即使下班了也不再感觉那么疲劳，很多人甚至会在回家的路上吹起口哨或是哼起歌来！热情能给人们带来更多的能量，无论这个人从事的是哪个行业的工作。

热情是一种简单的高频率思想振动。热情的出发点应该是动机，或者它又可以被称为某种指向明确的需求。在本书的其他章节中会完整地列举出精神兴奋剂，你会发现里面增添了一种心理状态，它就是我们现在所说的热情，而列举中作用最强的精神兴奋剂则是性需求。对强烈性接触没有渴望的人其实是很少的，它是最高程度的热情。将性需求这一伟大驱动力进行变形（“变形”的意思就是从思想层面上将性接触转化为其他形式的身体接触），这便是几乎所有天才作品的基础。

作为17条成功法则之一，热情的重要性已经在“智囊”这一章进行了说明。所有在和谐共处的氛围中团结协作、群策群力，最终能够形成智囊的人所感觉到的奇怪现象、高频率的精神振动，就是我们现在所知的热情。

一个人若是能投身于自己最为热爱的那个行业，那么他们大多数都能最终收获事业的成功，这是个众所周知的事实。这是因为他们对自己最热爱的那个东西会始终怀着极大的热情。**热情同时也是创造性**

想象力的基础。如果一个人的大脑思想始终在某个高频率波段进行振动的话，那么他就能接收到来自外界的同样高频率的信号，这就能为他的创造性想象力的产生提供极为有利的条件。据观察，在成功学法则的四大原理中，热情始终占据着不可或缺的重要席位，这四大原理分别是智囊、想象力、正确地思考和令人愉悦的个性。

热情的价值在于它必须是可控的，并且有着非常直接的目的性。通常来说，不受控制的热情很可能具备一定的破坏性。一些所谓的“坏孩子”的表现，其实或多或少就出于这种不受控制的热情。不受控制的热情带来的被浪费了的能量，表现在绝大多数年轻人身上就是性滥交，而非性接触方式的性需求。如果这种强烈的需求能够得到利用和转化的话，则足够引领他们取得巨大成就。

在下一章“自控力”当中，我会适当地就“热情”这一主题进行更多的阐述，因为想要对热情进行掌控的话，足够的自控力将是非常必要的。

第　八　章

成功第8阶：自控力

每个成功人士都必须具备一个能让自己的情绪保持在平衡状态的“摆轮”。

想要在生活中获得成功，很大程度上需要你能与他人进行气氛和谐的谈判，这就需要你具备足够的自控能力。

毫无疑问，整个人类都知道，比起其他的人类性格缺点，缺少自控力给人带来的痛苦通常是最严重的。而每个人在一生中都或多或少会遭遇这种魔鬼附身般的体验。

每个成功人士都必须具备一个能让自己的情绪保持在平衡状态的“摆轮”。当一个人发脾气的时候，他的大脑中就会产生一些特殊的生理反应，我们应该对此有一定的了解。当一个人极度生气的时候，负面情绪会促使他的身体中某些腺体分泌出一些不良物质并迅速进入其血液，如果这种状态持续很长时间的话，那么它就会对整个人体循环系统造成严重的破坏，有时甚至会导致人死亡。

平时在检查身体的时候，我们整个身体的血液是流动的，一旦发生临时性的血液凝固，那么我们的脸色就会一会儿发白，一会儿变红，如此交替发生。在早期人类荒蛮的进化时期，大自然创造了这样一种保护机制以确保人类这一物种的存在，与被其他猛兽袭击所造成的后果一样，愤怒也会给人带来沉重打击，它也同样会造成人的血管破裂和失血。科学家们已经通过实验发现，如果不断挑衅一只狗并成功激怒它的话，那么它在怒火攻心时所呼出的气体居然足以杀死一只豚鼠！

但我们之所以要提高自己的自控力，原因还远不止于此。例如，一个缺乏自控力的人可能会很容易就被具备自控力的人所掌控，他们会很容易被引诱说出一些话或是做出什么事，事后又自觉尴尬万分。**想要在生活中获得成功，很大程度上需要你能与他人进行气氛和谐的**

谈判，这就需要你具备足够的自控能力。

我曾在芝加哥一家大型百货商店的投诉台前观察过那些排成一列长队的女性，毫无例外，因为她们是过来投诉的，一个个难免表现得怒气冲冲。从远处观察，投诉台内坐着倾听意见的是一位年轻的女士，即便队列中有人出言不逊、胡搅蛮缠，她的脸上也始终保持着甜蜜中又稍带冷静的微笑。她按顺序指点投诉人去往相应的处理部门，她的这种淡定引起了我的好奇，于是便走近了一点，好看清楚现场正在发生的事。在那位接受投诉的女士后方，站着一位年轻的女士，她也在一边听取现场的对话，一边做着记录，做完后再将笔记越过前面那位正在处理投诉的女士的肩部以递送给她。

这些笔记的内容包含着每一条投诉的要点，却没有写下半点投诉人所说的刻薄话和辱骂的语句。原来，坐在那里处理投诉的女士是位听障人士！而她后面站着的则是她的助手，她所需的一切材料都是经这位助手之手才得到的。商店的经理说这是他目前发现的最能妥善处理好投诉台日常工作的一套工作方法，因为人类的神经还不足以坚强到能够沉着应对日复一日的抱怨，要知道，这种工作强度，这种工作环境，不生气是不可能的，普通人很容易就会失去自控力，然后奋起反击。

对一个愤怒的人来说，其实他（她）正承受着一定程度的暂时性精神错乱，此时他不具备与他人进行谈判的能力。因此，一个没有自控力的人就很容易被有自控力的人所害。如果一个人无法很好地控制自己的情绪，那他永远也不可能变得强大起来。

对一个过分乐观、热情高涨以至于想要进行身体检查的人来说，自控力也应该成为他的“摆轮”，因为他的这种个性很可能会演变成过分热情。过犹不及，热情程度太高一样会使身边的人感觉厌烦。

第　九　章

成功第 9 阶：“只管耕耘，莫问收获”的习惯

无论是否与自己应得的报酬匹配，通过为他人提供更多、更优质的服务，你就一定能享受到回报增长法则带给你的诸多好处。天道酬勤。

“只管耕耘，莫问收获”这条法则就好比一块绊脚石，它横亘在许多人面前，貌似挡住了他们一片光明的职业生涯之路。这些人似乎都倾向于做些他们力所能及的分外之事。但当你仔细观察他们的时候，你就会发现，虽然他们可能暂时是在做些无用功，但事实上，他们能收获其他一些你意想不到的东西！

为什么所有的成功人士都必须遵循这条法则呢？我认为有两大主要原因，它们分别如下：

1. 正如我们的身体那样，四肢用得越多，它就会变得越强壮。思想也一样，用进废退，思考得越多，你的脑子就越灵光。如果你能将自己最大限度的服务能力发挥出来，尽自己最大的努力服务他人的话，那么你的服务能力也会变得更为强大和精准。

2. 不计酬劳，能让自己所提供的劳动量超过自己应得的报酬的话，那么你的关注点将会转移到自己身上来，用不了多久你就能发现自己将鹤立鸡群，给旁人留下深刻形象。而且正因为自己在工作上的倾心付出，你才有机会发现更广阔的工作前景和发展空间。

“努力工作，你就能闯出自己的一片天空。”这是我们当代最伟大的哲学家爱默生所说的一条格言。

这绝对是条真理！所谓熟能生巧。你越是胜任手头的这份工作，你就越会感觉自己是最适合做这行的，而且只要你对待工作足够努力，你就一定会得到相应的回报，有些人甚至能够达到完美层面。

无论是否与自己应得的报酬匹配，通过为他人提供更多、更优质的服务，你就一定能享受到回报增长法则带给你的诸多好处。天道酬勤。如果你能坚持这样做下去，相信你最终获得的回报一定能通过这样或那样的方式给你惊喜。

这绝不是个新创立出来的理论。它是通过最实用的测试得出来的。你甚至不需要多加想象，这个法则的效果可以说立竿见影。你可以试着拿出几天时间来，尽自己所能为别人提供更多、更优质的服务，然后停止这种尝试，回到你之前的工作模式中去，按部就班地做好自己的分内之事，很显然，这样的结果不会给你带来什么好处。但如果你能将“只管耕耘，莫问收获”的习惯作为你人生哲学的一部分，并且让身边所有人都知道，你之所以能够提供这么多额外的服务完全是出于自愿——不是偶尔为之，是特意这样做的——那么很快你就能看到自己在竞争力方面的优势！

你会看到，并非有很多人乐意提供这样的服务，而这对你却是有好处的，因为这样的话，即使大家都处于同一工作环境，你的表现也与他人不一样了。有对比，才会有成绩，在这一对比法则的影响下，你必定能成为赢家。

有些人表达了微弱但更为流行的不同意见，他们觉得额外付出的更多、更优质的服务没有人埋单，这就证明了这种服务是不受人待见、不值得推广的。他们还补充道，被服务的人都是自私的，他们甚至无法察觉到你超量的付出。

说得简直太精彩了！其实雇主越自私，他们就越会倾向于继续聘用能够提供这类额外服务的人，无论这份额外的服务是表现在数量上还是质量上，他们都能做到全盘接收！正是这种自私的品性，才更能促使雇主去发掘可以提供这类服务的人才。然而，如果雇主不具备慧眼去分析自己的雇员的话，那么这类雇员迟早会被其他聪明些的雇主“挖走”，而且人家给出的薪酬会更高哦！

通过对成功人士的人生道路进行细致研究，我们得出这样一个结论：忠实地践行本章中说到的成功法则，那么生活一定会带给你相应的补偿——你的成功将指日可待。如果我需要在 17 条成功法则中挑出最为重要的法则，并且这道选择题还是单选的话，那么我将毫不犹豫地选出这条——只管耕耘，莫问收获。

第　十　章

成功第 10 阶：令人愉悦的个性

令人愉悦的个性和能获得成功的个性，彼此之间是不冲突的。

令人愉悦的个性是可以通过后天努力获得的，任何一个人，只要他有决心去学习在与人交往时如何避免产生摩擦，如何与他人进行气氛友好的协商，如何与他人和平共处、以礼相待，那么他就能够养成令人愉悦的个性。

令人愉悦的个性和能获得成功的个性，彼此之间是不冲突的。个性并非一个词或是几个词，它应该代表着一个人身上所有性格的总和，无论它们是好的还是坏的。

每个人的性格都是独一无二的。你自己所有的气质、情绪、个性、外貌等能将你与地球上的其他人区别开来。

服饰是一个人个性的重要组成部分：你穿着打扮的方式，你选择的服饰颜色是否协调，服饰的品质以及其他相关的细节等都能从本质上体现出你的个性。

心理学家们认为，如果可以把一个人领进一家款式足够丰富的服装店，任由那个人去自由选购自己喜欢的服饰的话，他们可以通过很多侧面来准确分析这个人的性格。

面部表情会在一个人的脸上留下各不相同的纹路，它也是一个人个性的重要组成部分。你的声音——音高、音调、音量以及你的语言组织形式等都构成了你个性的重要部分，因为它们可以直接体现出你这个人的特点。一旦你开口讲话了，人们就能马上判断出你是不是一个彬彬有礼的人。

作为人格的另一个重要组成部分，与他人握手的方式也非常值得一提。在握手的时候，如果你伸出去的那只手有气无力、呆板僵硬，如死鱼一般，那么你就显示出了自己身上那种冷淡、被动的个性。

令人愉悦的个性通常体现在这样一种人身上：他讲话时表现得斯文又和气，语言足够简洁精练，声音平稳温和，衣服的款式非常适合当时的场合，全身的颜色也非常协调；他是无私的，时刻都在准备着为他人奉上自己力所能及的服务；无论是富人还是穷人，无论他人的政见、宗教和职业如何，他都能与之和谐相处，他会是整个人类的朋友！无论有理还是无理，这个人绝不会对他人出言不逊；他绝不会让自己卷入庸俗的交谈中，更不会与持不同宗教和政治意见的人发生无谓的争论；他是一个能看清人的两面性的人，对人性中恶的那部分，他能做到足够的宽容；他不会想着去改变他人，更不会随意训斥他人；他爱笑，并且喜欢大笑；他热爱音乐，有时甚至会表现得有些孩子气；他同情所有身陷困境的人，有慈悲心，宽以待人；他从不愿干涉他人的自由，因为他觉得自己没有权利去干涉；他努力让自己的每一个想法和行为都具备一定的建设性；他总是乐意去鼓励他人，激励他们在各自所处的领域创造出更多、更好的成绩。

令人愉悦的个性是可以通过后天努力获得的，任何一个人，只要他有决心去学习在与人交往时如何避免产生摩擦，如何与他人进行气氛友好的协商，如何与他人和平共处、以礼相待，那么他就能够养成令人愉悦的个性。

美国最有名、最成功的一位人士曾经说过，相比 50 多年前哈佛大学颁给他的那个大学文凭，他更喜欢本章中介绍的这种令人愉悦的个性。在他看来，一个人如果仅有大学文凭但个性不佳的话，那么他所能取得的成就可能远不及一个有着令人愉悦的个性的人。

想要具备一种令人愉悦的个性，你需要多多练习你的自控力，因为总是会有很多事情和很多人跑来挑战你的耐心并摧毁你的决心。但是，以后你就会发现，你所获得的回报会让你觉得自己所经受的一切都是值得的！因为相比绝大多数人，随着你身上这种特殊气质与日俱增，它会帮助你轻易地从一大群人当中脱颖而出，成为最受关注的那一个！

当亚伯拉罕·林肯还是个年轻人的时候，他听说有位非常有名的律师（同时也是一名令人印象深刻的演说家）即将在离他家大概40英里的法庭上帮一个被控谋杀的人进行辩护。于是他一路步行到那个法庭，好亲耳聆听这个作为南部最优秀演说家之一的律师的辩护。当那位律师辩护结束正准备走出法庭的时候，林肯从过道中跑出来，向他伸出了自己那只粗糙的手说道："我走了40英里的路来听你辩护，真是太精彩了，我觉得走100英里都是值得的！"这位律师打量了一下年轻的林肯，然后非常傲慢又不屑地抬了抬鼻子，根本没有搭理林肯，径直走掉了。

多年后，这两个人又见面了，只是这次的见面地点在白宫。这一次，这个律师是为了一个已经被判死刑的犯人来向"美国总统"申诉的。

林肯全程都在耐心地听这位律师的辩护，当对方快要说完的时候，他这样说道："我觉得相比多年前我第一次听你为另一个死刑犯进行的辩护，你的口才好像还是那样出众呢！但我在你身上还是看到了其他方面的一点变化，要知道，我们第一次见面时，你给我留下的印象可不是这样的，你现在已经是位彬彬有礼的绅士了。可能我说的话对你有些不公平或是略显刻薄，在这里我也想请你原谅。同时，今天我会签字赦免你的这位当事人的，我们就公事公办吧。”

听完这些，那位律师的脸一阵红一阵白的，除了结结巴巴简短地道了个歉，他一句话都说不出来了。

在第一次与林肯见面的时候，我们能看到这位律师身上缺少那种令人愉悦的个性，如果事情发生在一个不如伟大的林肯这般宽容的人身上的话，相信最终他一定会为自己的傲慢行为付出代价。

有人曾这样说过，礼貌是人类最宝贵的性格特征，这一说法应该算是非常正确的吧。**礼多人不怪，**如果你能带着真诚的态度，始终将礼貌融入你的行为习惯的话，相信你最后能得到的东西绝对超乎自己的想象。

我的一位年轻的朋友，曾作为服务人员受雇于一家大公司下属的加油站。有一天，一辆高档轿车驶到了他的加油站，当司机告知服务员自己的车需要加几号油的时候，车里的乘客走了出来。加油的时候，这位看上去很富有的乘客跟我的这位年轻的朋友攀谈了起来。

“你喜欢自己的工作吗？”那人问道。

“喜欢？别开玩笑了！”年轻人回答说，“狗可能会喜欢猫吗？我才不喜欢这个工作呢！”

“这样啊，”那个陌生男人又说，“如果你不喜欢自己这份工作，为什么还留在这里呢？”

“因为我在骑驴找马，等待机会啊！”快言快语的男孩反驳道。

“那么你觉得自己还需要等待多久呢？”那个男人问。

“我还没认真想过呢，我也不知道，不过我希望自己可以尽快离开这儿，因为像我这样聪明的人，在这里是一点机会都得不到的。为什么我这么自信呢？因为我是个高中毕业生呢！我觉得如果有机会的话，我一定能在比这个要好的岗位上干得挺不错的。”

“是吗？”那个陌生男人又说了，“这样吧！如果我现在能提供给你一个比你手上这份工作更好的活，你确定自己会比在这里干得更好吗？”

“这也不好说吧。”年轻人回答道。

“这样啊，”陌生男人道，“请允许我给你提个建议吧，**好的工作岗位通常都只会提供给有准备的人**。但我不认为你能胜任一个更好的工作岗位，至少以你目前的心理状态，你是达不到那个岗位的要求的。但也许你现在仍然有机会吧，让我来给你介绍个……”说着，他推荐了一本当年畅销的励志书籍，“这本书也许可以给你一些启发，相信你会受用一生的。”

说完，那名男子就坐上他的车子走了。他就是拥有这家加油站的公司的董事长。这个年轻人其实一直在跟自己的老板讲话，只是他不知道罢了，而且他说的每句话其实都让他失去了引起董事长注意的机会。

后来这家加油站被另一个年轻人接手了，很快它成了公司营业额最高的一家加油站。除了正在运行的一套全新管理方法，这家加油站没发生任何变化。它里面的便利店还是以前的那一家，店内的商品价格也与从前完全一样，只有为开车过来享受加油站服务的司机提供服务的人换了，他的个性与之前的那个截然不同！

对所有的成功因素进行分析，最后你会发现，最关键的因素其实是人的个性。

即便教育背景良好，性格不讨人喜欢的话，它也一样会把一个人的事业搞砸，而且这种性格的破坏性可能还远不止于此！

好的演技也是个性的一部分

生活可能就如同一幕大戏，好演技的重要性不言自明。所有行业中的成功人士一般都称得上好演员，这也意味着他们都是能取悦他人的人，能在人群中左右逢源。让我们来对一些不同领域的知名历史人物进行一番比较分析吧，毫无疑问，他们都是自己人生大戏的最佳主角。下面这些人都在自己的行业中取得了非常大的成功，如果将他们的天赋和发明都算成演技的话，他们无一例外都能揽获表演大奖：

西奥多·罗斯福

亨利·福特

托马斯·阿尔瓦·爱迪生

比利·桑代

威廉·伦道夫·赫斯特

乔治·萧伯纳

以下同样是一些非常著名的男士的名单，他们每个人都具备卓越的个人能力，但与前面列举的名人相比，他们的演技评分可能就会低很多。

伍德罗·威尔逊

卡尔文·库利奇

赫伯特·胡佛

亚伯拉罕·林肯

林肯的名字也位列其中，这就证明了尽管他个性中的演技不佳，但他在其他方面的优秀品质与能力是不容置疑的，他完全具备名列历史名人第一阵营的实力。

一个优秀的表演者一定是个懂得如何迎合普罗大众心理的人。成功并非来自某个特别好的机会或是仅凭运气就可以获得。它是多年苦心经营、认真策划，并一步步将计划付诸实施的结果。

如果一个人不具备能获得好演技的天分，那么带着这一巨大缺陷的他应该怎么做呢？就因为老天爷赋予了他这样一种未被赐福的人格，他的一生就注定会失败吗？

当然不是！解决的办法就是智囊这一成功法则啊！那些不具备令人愉悦的个性的人也许反而会吸引到很多与他性格相反的人来并肩作战！金融家 J. P. 摩根的性格争强好胜，这使得他无法成为一个演技良好的人。然而，他身边的同事们的个性却恰好跟他互补！

亨利·福特也一样，老天爷没有在天生的个性上眷顾于他，他也许能算得上是个优秀的“演员”，但他的个性是非常不完美的，这一缺陷恐怕要走上很长一段路才能得到弥补。但他正是知道了如何利用智囊原则去弥补自己的缺陷，让身边人的个性与自己互补，最终取得了成功。

好演技的本质特征是什么呢？

首先，应该**具备能吸引公众注意的能力，可以让人们对自己的行为感兴趣，产生好奇**。其次，**通过广告效应，能进一步增强公众的心理诉求**。最后，**在适当的时刻，能够敏锐捕捉并利用好公众的偏见与喜好等心理。**

构成令人愉悦的个性的因素汇总

构成令人愉悦的个性的基本要素有很多，以下是对它们的一个简要说明。

1. 握手的方式
2. 衣着和身姿
3. 声音——包括音调、音量以及音质
4. 机敏
5. 为人真诚

6. 在不同的场合说话都很得体

7. 自信

8. 无私

9. 面部表情

10. 主导作用的想法（因为这会给其他人留下深刻印象）

11. 热情

12. 诚实（表现在智商、道德以及经济方面）

13. 魅力（极高的振动频率归因于明显、健康的性吸引力）

一个有趣又有用（可能的话）的实验，读者朋友们要不要来尝试一下？好好分析一下自己，对照上面的 13 个令人愉悦的个性的构成因素给自己逐一打分试试。准确地检查、比照上面的 13 个因素，一个人就能看清楚自己性格上的短板，就能看清有哪些因素正挡在你通往成功的道路上。

将分析培养成自己的习惯，用上面列出的这 13 个因素来测试一下自己身边的人，也将会是个非常有趣的实验。这个习惯能帮助你及时找出身边的人成功与失败的原因，非常实用。

第　十　一　章

成功第11阶：正确思考

对任何一个话题，在做出决定或是提出意见之前，你必须通过合理的推导和论证，达到对事实的全面认识，才能真正成为一个可以正确思考的人。

想要知悉正确思考的艺术并不难，只要你能按照一些明确的条款来。一个人想要正确地思考，必须遵循至少两大基本原则，它们分别是：

1. 正确地思考需要从有限的信息中筛选出足够多的事实依据

2. 确定为事实后，必须将之分为两大类：重要的和不重要的，或者是完全无关的

那么问题自然就出现了："什么是重要的事实呢？"我的答案是："**所谓重要的事实，就是与最终达成你的主要目标或目的最息息相关、不可或缺的所有事实，或者是对一个人的日常工作有用处或有必要的所有事实**。所以，其他事实虽然也许也很有用、有趣，但就个人而言，相比之下它们就不太重要了。"

除非一个人对某话题所发表的意见是基于所有可用事实做出的合理推理，否则没人有权对任意一个话题发表意见。然而，现实并非如此，不管自己是否熟悉那个话题或者是否与那个话题相关，几乎所有的人都会对任意一个话题产生自己的意见。

快速给出的判断和意见都不能算是真正意义上的"意见"，它们仅仅算得上粗略的推测和猜想而已，都是没有任何价值的。这样的信息全无意义。对任何一个话题，在做出决定或是提出意见之前，你必须通过合理的推导和论证，达到对事实的全面认识，才能真正成为一个可以正确思考的人。

“我听说这个事怎么怎么样”“我从报纸上看到这个事是这样的，而且怎样怎样的”，当你听到有人讲这一类非常笼统的话的时候，你就应该把对方列入非正确思考者的名单，而且他所有的意见、猜想、立场以及推测等，你都不可以全部信以为真。同时你也要小心，千万不要听信那些毫无事实根据的小道消息，谣言止于智者。

对于任何一个问题，想要获得事实真相的话，通常需要你付出相当大的努力才行。这也许是小道消息特别多的原因吧，毕竟很少有人乐意去花时间和精力收集并整理事实真相后再发表言论。

你现在刻苦学习我们这个成功学的目的，就是想知道怎样才能让自己的人生更为成功。如果我没说错的话，那么你就必须与社会上那些说话不经思考，懒得花时间去收集整理事实真相就妄下论断的大多数人划清界线。毫无疑问，做到这一点同样需要你付出很多努力，但请你始终坚信，成功并非如同树上的果实那样，外界的阳光雨露帮助它成熟后，你只管摘来吃就行。成功所代表的应该是毅力、自我牺牲、决心和坚强的人格！

凡事皆有代价，世上从来就没有不劳而获的好事，或者说，如果真的可以不付出就有收获的话，那它也绝不会在你手上保留太久。想获得“正确地思考”的能力，你要付出的就是将自己收集到的事实真相进行一番筛选排列，而这些事实真相也都应该建立在深思熟虑的基础之上。

“每天有多少辆车路过我们这家加油站呢？”一家连锁加油站的经理这样问一位新来的员工，“还有，哪一天的交通最拥堵呢？”“我觉得吧……”这个新员工开腔了。

“先把你的想法放在一边，”经理打断了他，“我需要的回答应该是建立在事实之上的。如果有客观存在的事实，个人的想法是毫无意义的！”

于是这名员工便借助口袋里的便携式计算器，开始逐日记录每天有多少辆车路过他的加油站。同时，他还记录下了具体有几辆车开进他们的加油站，加的是天然气还是汽油。这样的工作，他持续进行了两周，周末也不例外。

而且所有上面那些还不够呢！同样在两周的时间内，他每天都对可能会进站加油的过路车辆进行了一番估算。除此之外，在接下来的两周里，他实施了一份自己制作的计划，只付出了一张宣传单的代价，就为他的加油站增加了不少的客流量。其实这些工作都不是他的分内之事，但是他的经理向他提的问题给了他启发，引发了他的一番思考，最终他通过这件事，运用自己的聪明才智帮助加油站增加了利润！

多亏了他那份正确地思考的能力，被提问的这个年轻人现在已经是一家连锁加油站的所有者之一了，并且，现在的他已经跻身中产阶级了。

第　十　二　章

成功第 12 阶：精力集中

能力是建立在排列有序的力量或精力基础之上的。如果在一段时间内无法将自己所有的精神集中到一件事上来的话，精力便无法有序形成。

“门门懂，样样瘟”的人很少能在一个行业里成为翘楚。生活是如此复杂，各种各样无意义的事很容易就会耗费掉你很多的精力，因此，所有想获得成功的人都必须养成一种精力集中、全神贯注的生活习惯，还要将它长期坚持下来。

能力是建立在排列有序的力量或精力基础之上的。如果在一段时间内无法将自己所有的精神集中到一件事上来的话，精力便无法有序形成。一个普普通通的放大镜，将它用来聚焦阳光的话，只需几分钟便可以在木板上烧出一个洞来。而同样的太阳光线，如果不能将它们集中到一个点上来的话，那它们甚至无法把一块普通木板照得稍热乎一点！

人类的思想就如同放大镜，因为它就像个媒介，将大脑的各项功能进行汇聚并让它们彼此协调地发挥自己的功能，正如光线借助放大镜聚焦于一点那样。

各行各业中那些才能卓绝的成功人士将自己大部分的思考和努力都倾注到了哪个明确的目标或目的上面去了呢？对此进行一番思考必将是非常有意义的。

对在建国初期亲手创造并引领了国家历史的那几位名垂青史的人物进行研究的话，你就会发现他们的成功无一不是由于他们拥有并始终保持精力集中、全神贯注的好习惯：

伍尔沃斯将精力集中于“分币杂货店”这一私人想法上，最终他成了国内商品零售领域最具创意的天才人物。

亨利·福特将所有的精力都集中在发明一种廉价而实用的汽车

这一私人目标上。这个目标使得他成了美国历史上最具权威、最富有的人。

马歇尔·菲尔德将自己的精力集中于建设“世界上最大的商店”，最终他赚得了数千万美元，在那个年代，这可是一笔令人难以置信的巨大财富。

凡·休森多年来致力于生产一种软质衣领，而在那个年代，普通人从来都没想过自己有一天能够摆脱硬质衣领的束缚。凡·休森的这一想法让自己在短时间内获得了巨额财富。也正是因为他的专注，他的名字在服装行业留下了浓墨重彩的一笔。

里格利将自己的精力集中于一种廉价便携的口香糖的生产和销售上，最终他获得数百万美元。同时，他身上那种毅力和锲而不舍的精神也给后人树立了榜样。

爱迪生将自己的精力全部倾注在了制造“会说话的机器”以及电灯、电影和其他数不清的实用发明上。当他把自己的发明全部变成现实后，他的伟大历史地位也将是后人难以企及的。

贝西默将自己的精力集中于发明一种更好的炼钢方法上，现代闻名的贝西默炼钢法证明了他用自己的努力创造了历史。

乔治·伊士曼将自己的精力集中于不断改进照片的冲印方法上，他的这一想法也让自己成了一名百万富翁。

安德鲁·卡内基，一个移民的儿子，他构思出了一个伟大的钢铁工业并专注于实现自己的这一伟大目标，最终他也成了一名千万富翁。

詹姆斯·希尔，当他还从事着月薪只有40美元的话务员工作时，他却梦想着建立起一个伟大的、横贯美国大陆的铁路运输系统。他对梦想始终坚定不移（同时他也在为这个梦想做出实际努力），最终将它变为了辉煌的现实，这一切使他成了那个时代的大富翁。

赛勒斯·柯蒂斯把自己的精力集中于出版世界上最好、最受欢迎的杂志上，最终他的那本《星期六晚邮报》确实做到了这一点。他身上那种全神贯注的精神不仅帮助他创造了一本伟大的杂志，同时也使他成了一名百万富翁。

奥维尔·莱特将精力始终集中在一个目标上——能操纵一架飞机。他克服一切困难达成了自己的目标，同时也改写了自己甚至是整个人类的命运。

马可尼将精力集中在他的一个想法上——发送无线电报，他最终也改善了无数人的生活。

真的，**一个人只要敢去想象，他就能让梦想成真**！只不过，他还需要做到始终专注地围绕着自己的目标去奋斗，不屈不挠，不为一点小成绩而沾沾自喜。

只要能做到精力集中、专心致志，人类的大脑就会变得伟大、强大！

伍德罗·威尔逊花了25年时间，最终坐上了白宫的那个总统宝座。他所仰赖的，不过就是专注两个字，他始终都在为实现自己的目标而奋斗，最终他获得了成功。

罗伯特·格林·英格索尔将精力集中于制造出一块又好又实用的

廉价手表上，他希望自己的这种手表只卖一美元就够了。他的愿望以及他的专注，让他顺利跻身百万富翁俱乐部。

埃尔斯沃斯·斯塔特勒将精力集中于经营一家能提供家庭般住宿体验的酒店上，这让他成了引领世界酒店发展潮流的老板，更别提他数以百万计的收入了。

洛克菲勒将精力集中于对石油进行提纯与分销上，他的努力为他带来了数千万美元的财富。

罗素·康韦尔一辈子都在致力于演讲他那篇最为著名的《钻石宝地》，每一个去听这场演讲的人都只需付几便士，但他这一演讲的收入能够高达 600 万美元，而他每次给观众们带来的人生影响是远远无法用金钱衡量的！

林肯将自己的精力集中在人类的解放事业上，尽管他的人生结局有些不幸，但他一生都在为自己的这个目标而奋斗。

吉列将精力始终集中于制造一种安全剃刀上，他的这个想法同样创造出了一名百万富翁，同时，他的名字和他所制造出的产品也将永垂青史。

威廉·伦道夫·赫斯特将精力都集中在他的报纸上，最终他也成了声名显赫的行业领袖。

海伦·凯勒又聋又哑，还是个盲人，但她聚精会神地学会了“听”和“说”，她的故事激励着全世界的人。

这样的故事就像链条一样，一环接着一环，连绵不断，它们都可以证明，集中精力为着目标努力，你就能得到自己想要的。找到你到底想要的是什么——选择一个明确的主要目标，然后将自己所有精力都投入到这件事情上，直到你获得丰收喜悦的那一刻！

在分析下一条成功法则“团结协作”时你就会发现，观察力与所有被罗列出来的这些成功法则都存在紧密的联系，而所有这些又都与“精力集中”这条法则息息相关。

为了实现某个明确的目标而有序、团结地组成一个团队的人们，无论他们身处何方，都会被观察到这一点：如果他们的做事风格未能遵循“精力集中”这条法则，那么他们的联盟将永远无法获得真正的能量。

雨滴，当它们从空中坠落的时候，每一滴都是各自为政、杂乱无章的，它们能形成一种非常大的能量，但这并非真正的能量。如果它们在降落后流入一条河流或是一个水库，那么经过有序的收集和发电机的作用，或是在锅炉内被转化为蒸汽，雨滴经过这样的历程所获得的能量才是真正的能量。

运用全神贯注的力量，能量将无处不在，润物细无声地慢慢汇聚！

无论你的日常职业是什么，请聚精会神地去做好它，对于自己的明确目标，也一定要全力以赴、集中精力地去完成！

第 十 三 章

成功第 13 阶：团结协作

成功，很大程度上意味着一个人必须与他人建立起友好合作的关系。一支成功的足球队应该有一位能将团队合作的艺术发挥到极致的最佳教练。完美的团队合作精神也必须体现在生意场上，否则，你在生意场上走不了太远。

很显然，我们现在正生活在一个合作无处不在的时代。商界、工业界、金融界、交通界以及政治界的伟大成就都是建立在团结协作这一成功法则基础之上的。

如果一份日报一周内没有刊登某些公司合并的通告，就非常稀罕了。除了恶意收购，这些公司间的合并通常都是基于某种战略性的合作，因为无论是人力还是机械，合作能使两种不同的能量形式在和谐的氛围中齐头并进，彼此间合二为一，不存芥蒂。

福煦元帅是第一次世界大战时涌现出的英雄人物之一。据历史学家记载，在战争转折点到来的时候，所有的盟军都处于福煦元帅的指挥之下，而在其他许多领军人物的指挥下，无人能像他一样确保如此庞大的队伍做到完美团结协作。

成功，很大程度上意味着一个人必须与他人建立起友好合作的关系。一支成功的足球队应该有一位能将团队合作的艺术发挥到极致的最佳教练。完美的团队合作精神也必须体现在生意场上，否则，你在生意场上走不了太远。

你将会观察到，只有深刻领会了本书前面所介绍的那些成功法则，并将它们融入你的日常行为习惯，你才能够真正做到与他人团结协作。例如，除非你已经具备并能随时发挥自己那令人愉悦的个性，展示出你身上那种成功的潜质，否则别人才不会愿意跟你合作呢。同样，你还会注意到，在你想与别人建立起一种合作关系之前，你必须反复锻炼，将热情、自我控制以及“只管耕耘，莫问收获”等品质融入你的日常行为。

所有上述法则都有相互重叠的部分，它们都必须与团结协作这一成功法则融为一体，这就意味着，为了获得与他人的合作机会，一个人必须反复练习这些法则，将它们全部变成自己的生活习惯。

没有人愿意与有着攻击型人格的人合作，没有人愿意与热情度不高、对任何事都反应淡漠的人合作，更不会有人愿意与没有自控能力的人合作。能量只来源于组织有序、团结协作的不懈努力！

一队训练有素的战士（12 个人），如果能做到团结协作、行动一致的话，他们甚至可以从容应对一支 1000 人的无领导、无组织的武装力量。各种形式的教育，本质上都是对知识的有序排列与重组，或者可以这样说，它讲的就是这一事实——如何将对事物的各种认识融合、协调起来！

安德鲁·卡内基接受过的学校教育非常有限，但他仍然是个非常有教养的人，因为他能够将自己的知识进行排列组织，并用它们为自己制定了一个明确的主要目标。他通过团结协作的成功法则，使自己成了一个百万富翁。此外，凭借自己对团结协作这一法则的理解，他还帮助了无数人，与他有合作关系的人也成了百万富翁。

正因为安德鲁·卡内基，我才萌生了创作这些成功法则，继而创建成功学学说的想法。这件事非常值得一提，因为它涉及一个新发现的、建立在所有高效合作这一现实基础上的规律法则。

围绕他的职业生涯，为揭秘其人生经历，我曾联系卡内基做过采访。当时提出的第一个问题如下：

“卡内基先生，您认为自己现在所取得的伟大成就应归因于什么呢？”

“你的这个问题问得可够大的，”卡内基回答说，“在我回答你的问题之前，请将‘成功’一词的定义先给我讲讲吧，就是说，你告诉我你认为到底什么是成功呢。”

在我还没有来得及回答之时，卡内基又抢着问了一句：“我想你可能认为成功就是有钱吧，对吗？”

我说：“是的，有钱好像确实意味着成功啊！”

“哦，这样啊，”卡内基回应道，“如果你只是想知道我的生财之道的话——如果这就是你所谓的成功——那么你开始提的那个问题就很好回答了。对于我所管理的这家钢铁企业来说，首先我想告诉你的是，你需要一个智囊。这个智囊并非某个人的想法和意见，它是一群人彼此间团结协作，将各自的能力、智慧以及人生经验融合到一起，在一种非常和谐友好的环境中生发出来的集体决议。正是这些人在负责企业当中各个部门的工作任务。他们当中有很多人都跟我共事了很多年，当然也有一小部分人没有做多久就走了。”

“听到这里，你肯定感觉很惊讶吧？”卡内基继续说道，“为了确定他们个人的才能与兴趣是否能胜任自己的岗位，是否会帮助企业产生效益，我不得不反复地去适应、去试探、去寻觅。曾经我们有个非常重要的岗位空缺了，为了找到最能胜任这一岗位同时又能与其他岗位的同事友好相处的员工，我们甚至安排了 12 个候选人来实习，最终才找到最合适的那一个。而我当时以及现在、将来需要面对的最大一个困难，就是如何确保自己选择的那个员工能够一直具备团结协作的精神，因为如果身上没有这一精神的话，我所说的智囊将永远形成不了。”

在上述言论（也许表达或用词略有不同，因为我是根据回忆记录下来的）中，这位我们已知的、史上最伟大的钢铁业巨头向我们深刻揭露了他能获得这般辉煌成就的奥秘。他的一番话启发我进行了一系列的研究，而在历经20多年的研究后，我最终发现，智囊这一成功法则也是诸如工业、金融机构、铁路以及大型百货商店等行业领袖人物的成功奥秘所在。

虽然未经科学界的认可，但这样一个事实却是客观存在的：如果两个或两个以上的人能够在和谐氛围下秉着合作的精神共同努力的话，那么他们就能融会出一股看不见的力量，帮助他们生发出更强大的能量去完成自己的事业。

你也可以用自己的方式得出这一结论，只需要跟那些对你很友好的人相处一阵子，好好记住自己当时的心理反应，然后再去跟自己不喜欢的那些人相处一阵子，最后再对比一下跟这两种人相处时你自身的反应就足够了。友好的相处会激发出我们体内的一种神秘能量（氛围不够友好的话，就肯定不会有这种反应），这一事实也正是“团结协作”这一成功法则的基础。

就算武器精良，领导有力，但队伍中的战士们如果因为害怕而被迫出征的话，那么他们通常敌不过一支斗志昂扬、以战胜敌人为己任并坚信自己必胜的普通军队。

在第一次世界大战刚开始的时候，德国军队横扫千军，势不可当。在那个时候，德国军队的战士们在作战时都会大声唱歌。当时他们都被一种战争文化给“洗脑”了。部队高官在战士们心目中树立起了自己肯定会打赢的坚定信念，战士们被告知，这都是因为他们应该要打赢。赢，就是他们的使命。

然而，随着战线拉长，同样一支部队里，战士们开始良心发现了，他们有了不一样的想法。他们开始感到力不从心，毕竟要杀死数以百万计的人也是一项非常严峻的工作。然后，这种思想开始在部队中蔓延，他们开始意识到：毕竟，他们一早所接受的战争文化并非神授的旨意，他们正在打的可能是一场非正义的战争！

从这时开始，战斗氛围开始发生了变化。他们在战斗时不再歌唱。他们也不再为“为战而死”感到自豪，接着，他们就一步步走向了最终的失败结局。

在各行各业中，在每个人付出努力的时候，情况其实都差不多。那些压抑自己个性，忽视自己个人兴趣，在身体和心理上尽自己一切努力去配合他人的人，他所仰赖的东西一旦崩塌，那么他所能面对的也只剩失败的结局了。

几年前，一个著名的地产公司总裁曾写过这样一封信给我。

尊敬的希尔先生：

正如您高效处理贵公司业务的方法一样，有什么方法能确保公众对我们工作的信任呢？如果您能不吝赐教，我公司将为您奉上10000

美元的支票一张。

此致

对上面这封信，我寄出的回信如下：

尊敬的J先生：

谢谢您对我的信任与褒奖，对于您提的问题，尽管可以拿到那张支票，但我仍然很乐意免费进行解答。如果您觉得我身上有能取得他人信任，能与他们进行合作的特殊才能，那么我觉得原因很可能就在于下面这几点：

1. 相比自己的所得，我总乐意为他人提供更多的服务

2. 我从不接手会妨害他人的业务

3. 在自己弄清事实真相前，我从不发表意见

4. 我始终抱着一颗真诚的心去为尽可能多的人提供有用的帮助

5. 相比金钱，我更看重人本身

6. 我会尽全力为自己争取到更优质的生活，也会尽自己所能去传播成功学

7. 即使付出没有回报，我也能泰然处之

8. 如果无权提出要求的话，我便不会去强求他人满足我的要求

9. 我从不与人为小事争吵

10. 无论身处何地，我都会四处播撒正能量，展现我阳光乐观的心态

11. 我从不会为了取得他人信任而去奉承对方

12. 我会以一个适中的价位向他人有偿提供我的专业意见，对这种业务我从来不会免费

13. 在教授他人如何获得成功的时候，我会证明我的理论在自己身上也行得通，因此“按我说的做就行”

14. 对于自己手上的这份工作，我绝对是十二分地投入，我的工作热情因此也非常容易感染到其他人

除了上面这几条，如果您仍然觉得在获取他人信任方面我身上还存在其他不可知因素的话，那我只能说，我也不知道它们到底是什么。顺便说一句，您在信件里提出的是一个非常有趣的问题，它启发我对自己做出了之前从未有过的一些分析和判断。出于这个原因，我才拒绝接受您的支票，要知道，您提醒我做的这些事，价值可能远不止数十万美元呢！

您诚挚的朋友

拿破仑·希尔

我在上面所提到的 14 个要素，基本上就能构成所有信任关系的基础。对于那些能够与许多人建立起长期友好信任关系的人，团结协作的精神有助于帮助他们获取更大的成功。除了在这一章所列出的 14 个要点，我无法提供更多方法帮助你去与他人建立合作关系。

第 十 四 章

成功第 14 阶：失败乃成功之母

失败是人这一生中最有利的人生体验之一，因为人类在获得成功之前，有很多必修课需要去学习，而在这一学习过程中，没有比失败更好的老师了。

失败与人生的关系，就好比窑炉与陶器一样。经过了失败的历练，人才能得到进步与升华。

有一位非常富有的哲学家，名叫克罗伊斯，他是国王塞勒斯的顾问。作为一名宫廷哲学家，他曾发表过很多非常明智的言论，其中有一句是这样说的：

尊敬的陛下，我总是会提醒自己，并始终将这个道理牢记于心——人世间的所有事都好比一个轮回，幸运不会永远只降临在某个人头上而不散去，事物总是在变化发展。

确实如此，有一种看不见的命运，或者叫轮回吧，它缠绕在我们每个人身上，有时会给我们带来好运，而有时也会给我们带来厄运，不管人类做什么抗争，这个规律永远也不会被打破。然而，这个命运之轮会遵循平均分配的运动规律，这样便能确保我们不会一直处于厄运之中，确保每个人的生命都有起有落。如果今日遭遇了不幸，那么很可能在命运转折处就会萌生新的希望，人的生命之路也就有了转机，即使转机不是发生在下一次，那么兜兜转转，总会有新的希望等在前方，如此循环往复，周而复始。

失败是人这一生中最有利的人生体验之一，因为人类在获得成功之前，有很多必修课需要去学习，而在这一学习过程中，没有比失败更好的老师了。失败应该说是“塞翁失马，焉知非福”，如果你没有经历过失败，那么很多有用的人生经验可能你永远都没有机会学到！

失败与人生的关系，就好比窑炉与陶器一样。经过了失败的历练，人才能得到进步与升华。

可惜，数以百万计的人都错误地将失败看作自己的终结点，实际上，失败就像我们人生中其他那些事一样，应该是短暂的，不会一直持续下去。因此，我们不能因为一时的失败就认定自己已经全盘皆输。

一个成功的人必须学会分辨失败与暂时的挫折。任何一个人一生中或多或少总会经历一些暂时性的挫折，从这些挫折中我们能收获到很多非常重要并且有益于我们成长的人生经验。

事实上，很多人都会有这样一种想法，那就是如果他们没有经历过暂时的挫折（有些人也会很无知地把它们称为失败）的话，那么他们很快就会变得非常自我、自大、独立，以至于有时甚至还会认为他们已经比神灵还要伟大了。这个世界上确实存在这样一些人，他们在谈到神的时候，如果讲话内容包括了“我与神灵”的话，那么他们通常强调的都会是“我”！

头痛是好事，尽管事实上大家都非常讨厌它，因为它所表达的其实是一种大自然的语言。在这种情况下，其实它是在召唤我们人类应该善待自己的身体了。尤其是胃部和其他一些器官，大多数人身体抱恙，通常就是这些器官发出的疼痛信号。

这与我们经历暂时挫折或失败的道理相同。它们也是大自然给我们发送来的信号，是在提示我们走错了方向，如果我们能理性地识别出这些信号，及时调整方向，继续前进，最后我们便能走向自己最初设定的那个目标。

对于投身在商业界、工业界、政界、宗教界、金融界、交通界、文学界和科学界等领域的成功人士（包括男士和女士），他们身上到底拥有哪些成功人格这一问题，我已经利用超过1/4个世纪的时间进行了深度发掘、研究和分析。

这一研究包含阅读超过1000本有关科学类、财经类以及传记类的书籍，并且每一类型书籍的阅读时间平均下来都超过了一个星期。

在这一规模庞大的研究中，最惊人的发现之一便是：不管他们各自在哪个领域努力奋斗，那些获得了杰出成就的人都无一例外地经历过挫败、灾难或者暂时性的挫折等，在某些情况下，他们当中一些人甚至还经历过永久性的失败，失去了宝贵的生命（仅从个人成就方面，由研究样本得出此结论）。没有一个成功人士是轻轻松松、顺顺利利就获得了成功的，从很多例子中我们都可以看出，似乎要跨越难以逾越的障碍才是获取成功的必经之路。

同时，在研究中我们还发现，**一个人获取成功的概率，一定程度上取决于他们能否正视失败，是否会向失败妥协**。换句话说，所谓的成功，是有衡量标准的，通俗地讲，在实现自己人生目标的征途上，难免会出现很多的困难，而成功的衡量标准就在于这个人在面对困难、克服困难时所表现出的个人能力。

让我们一起来回顾一下世界上一些伟大的成功人士吧。作为个体研究样本，他们当中有些人经历的是暂时性的挫折，而有些人则经历的是永久性的失败。

托马斯·爱迪生遭受过一次又一次的失败打击，在他最终制作出了一个可以旋转的胶片用以记录人类声音之前，他经历了超过 10000 次的失败实验。而在他发明出现代的白炽灯泡前，他经历的失败次数也不会比前面那个少。

亚历山大·格雷厄姆·贝尔为了完善其长途电话这一发明，也历经了多年的失败打击。

伍尔沃斯的第一个“分币杂货店”项目进展并不成功，但他努力学会了从失败中总结方法并尽全力铲除前路上的一切荆棘障碍，最终他快速定位并顺利驶往了成功彼岸。

富尔顿的汽船实验失败了，人们给予他的冷嘲热讽太多了，以至于后续实验他只能在夜里独自悄然进行。

莱特兄弟撞坏了许多架飞机，也遭受了很多的失败打击，最后他们终于发明了一架实用的轻型飞机。

在成功制造出第一个汽车样品之前，亨利·福特几乎就要饿死了！当然这只是打个比方。不过他的麻烦还远没有结束，为完善那辆让他名声大噪的 T 型车，他花费了若干年的时间，才最终实现该车的量产。

给你一秒钟时间，其实想都不用想，如果没有大自然“赐予”的那些叫人心碎的反对声音，这些人也绝对无法插上成功的翅膀去展翅高飞。而且有一点显而易见，这些人在最终获得成功之前，从来没有因为即将遭受的挫折、失败或是逆境而心生退意，即使要面对那样的心碎时刻，他们也没有放弃过努力。

拿破仑在获得巨大权力之前，也曾经历过数不清的失败，最终他遭遇了永久的失败，失去了自己的生命。在他的传记中不止一次地提过，他多次想到过自杀，可见他对人生有多失望。

如果没有遭遇过失败，巴拿马运河也一定无法被成功挖通。开凿过程中河岸发生过很多次滑坡，工程师们不得不接受一次次的工程返工。在很多场合中，在外人看来，河岸滑坡可能永远都无法解决，河岸永远无法加固。但施工团队的毅力，加上他们心中的坚定信念，最终创造出了全世界最伟大、最不可思议、最实用的航运要道。

围绕失败这一主题，有一首我最为推崇的美妙诗歌奉上。它清楚地讲述了失败的好处究竟在哪里。现转载如下：

当大自然想要创造出一个真正的男人

当大自然想要雕琢一个男人，
让他懂得何为兴奋，
让他有技艺傍身。
当大自然想要创造出一个内心高贵的男人，
当她全神贯注去创造这样一个伟大且勇敢的男人，
那么就奉送给她全世界所有的赞美吧，
看看她到底会用什么方法，看看她到底会用什么技术！
她将怎样冷酷无情地去完善自己选择的那个人，
她将怎样去锤炼他、伤害他，

怎样将他历练成自己心目中所想的那个形状呢?
而他,
当他在经受这一切的时候,
他的内心会痛哭流涕吗?
他会抬手恳求她吗?
她将怎样让他的手臂弯曲却又不会断裂?
当他受益于她所赋予的一切,
她会怎样去利用他又尽力去鼓舞他呢?
用所有的艺术作品去感染他,让他的内心丰富、美丽,
大自然知道,
她始终在影响着他。

当大自然想要创造一个男人,
让他学会感动,
让他不再麻木冷漠。
当大自然想要让一个男人追求自己的远大理想,
当她想尽办法、倾注心神去创造这样一个强大、完美的男人,
她会为他设置怎样的陷阱去让他成长呢?
她将怎样去激励他,让他学会不惜力?
她将怎样不断刺激他,烦扰他,
并将怎样在困境中成就他?
她会经常让自己选择的那个人痛饮失望之酒吗?

她会将哪些智慧隐藏起来好让他寻找呢?
尽管听到了他的抽噎，她也不会在意，
他可不能忘记自己身为男人的自尊!
她会命令他去努力奋斗，
让他饱尝孤独，
只有这样，他才能静心接收到上天的旨意，
只有这样，她才能教会他听从上天的安排。
尽管他可能不明白这一切，
赐予他热情就够了!
当她真的很中意他的表现，
她就会用冷酷去刺激他，
又用热情去感动他。

当大自然想要命名一个男人，
让他声名显赫，
让他随和淡定;
当大自然想要羞辱一个男人，
好让他做什么事都能去尽全力;
当她给出的是最高难度的测试，
那只能证明，
她想要的，是个能统领一切的王者!
她将怎样去驾驭他，约束他?

当大自然让他燃起怒火、不断撩拨他的时候，
他还能做到自控，
他还能为了自己的目标心存向往，斗志昂扬——
因为目标还在那里，
还在那里如刀头舔血般诱惑着他！
给他的心灵一个挑战吧，
当他接近目标时，那就将目标移到更高处；
当他扫清障碍时，那就给他布下更多荆棘；
当他心生恐惧时，那就再抛他进入无人之境，
然后让他去将它征服！
只有这样，
大自然才能创造出一个真正的男人。
然后，再来试试他是否有反抗精神吧，
在他前进的平坦道路上设置一座高山，
再给他一个苦涩的选择，
让大自然站在他身后无情地提问吧：
“爬过去，还是等死？”
这是大自然的原话，
看哪！看到她的目的了吧！看哪！看到她的方式了吧！

大自然的计划总是最奇妙，
可又有多少人能够领会，

愚蠢的人恐怕还会觉得她的安排太过盲目呢！
当一个人的身体在受伤流血，
斗志却依旧昂扬，
他必定还能精神百倍地继续前行；
有一股动力会驱使他跨越失败，
满腔的热情不会消失，
即使面对的是失败，
爱与希望的火苗还会继续熊熊燃烧！
看哪！危机来临！看哪！永不服输的呐喊！
呐喊，就能让那个人现身！
当所有的人需要救赎的时候，
他就会走出来领导我们的国家。
当这个世界最终出现了——一个真正的男人，
大自然的计划才真正大白于天下！

不要畏惧暂时的挫折，但请确保你能从每一次的挫折中学习到新的东西，吸收到新的经验。而我们所谓的“经验”，其实多半都是从我们自身或是其他一些人所犯的错误中提炼出来的，所以，千万不要忽视我们从错误的思想和行为中得到的那些知识！

第　十　五　章

成功第15阶：宽　容

狭隘是无知的结果，或者反过来说也成立，它源于对知识的匮乏。知识渊博、见多识广的人通常都不会很狭隘，因为他们知道这世上无人有权利去评判他人。

无知有很多种形式，而对人对事不够宽容、心胸过于狭隘是其中后果最严重的一种。几乎所有战争的爆发都跟它脱不了干系。所谓的资本家与劳工之间的误解通常就是彼此间不够宽容的产物。

如果自身不具备宽容忍耐的行为习惯，那么任何人都无法做到遵守“正确地思考”这一成功法则，因为狭隘与冲动会让这个人在一打开“知识”这本大书的时候，就恨不得在封面上写下“阅毕，我什么都知道！”这句内心独白。

作为最具破坏性的性格形式之一，狭隘来源于宗教和对种族差异的看法。我们现在所知的文明，数千年来一直被人类的狭隘深深伤害，而这些伤害大多数都有着宗教性质。

美国是地球上最民主的国家之一。我们也是地球上最国际化的国民。我们来自各个不同的种族，信仰的宗教也各不相同。我们与有着其他宗教信仰的人和平共处，彼此都是邻居。而我们是做一对好邻居还是坏邻居，这取决于我们彼此的宽容程度。

狭隘是无知的结果，或者反过来说也成立，它源于对知识的匮乏。知识渊博、见多识广的人通常都不会很狭隘，因为他们知道这世上无人有权利去评判他人。

通过我们继承下来的社会意识遗产、我们所处的环境以及我们所接受的早期宗教教育，个人的宗教思想得以形成。我们的老师也不一定总是正确的，如果我们对此事有一定认识的话，相信我们就不会轻易受到教义的影响，觉得我们所信仰的宗教就一定占据着真理的一角，而其他与我们有着不同宗教信仰的人通通都是错误的。

至于**一个人为什么要宽容，理由有很多，其中最主要的一项，就是它能使人变得冷静、理智**，它能将人引到通往事实真相的方向上去，而这一点，反过来能帮助人进行正确的思考。

无论是后天还是先天形成的，那些心胸狭隘、不知宽容为何物的人永远也无法成为一个能做到正确地思考的人。这也就是我们必须学会控制自己的狭隘心理的理由。

对与自己有着不同想法、宗教信仰、政治意见以及种族认识的人宽容以待，也许并不是你应尽的义务，但它可以是你的特权！是否要宽以待人，你不需要获得别人的许可。这完全是你可以凭自己的头脑去把控的事。因此，它是你的选择所赋予你的权利，是你的特权！

狭隘与我们在自信法则中提到的六种基本恐惧密切相关，同时它也可以提供一个非常有力的证明，那就是——思想狭隘一般来说就是恐惧或无知的结果。所有的事实都证明了这个结论的正确性。当一个人（假设这人是个宽容的人）发现你被别人在背后说成一个内心狭隘的人的话，那么他可以简单又迅速地将你归类为一个恐惧和迷信思想的受害者，或者更糟糕的是，他会觉得你是个无知的人！

狭隘能用至少 1000 种方法帮你把机会之门重重关闭，同时也会让你永远无法被智慧之光普照。

当你能够做到正视事实真相，对任何一个话题都不轻易发表意见，坚信还有更多的真理等着人们去了解的时候，我们才能说，你已经在践行宽容法则了。如果你能将这个行为习惯一直坚持下来的话，那么很快你就会发现自己快要成为一个思想者了，并且，在你所在的行业，面对时不时涌现出来的各类问题，你已经具备能够妥善解决它们的能力了。

第　十　六　章

成功第16阶：利用黄金定律去赢得合作机会

物以类聚，人以群分。这是一条伟大的自然规律，宇宙中的每种物质、每种能量形式都在被这一规律所影响和控制。成功者会吸引成功者，失败者会吸引失败者。

从某个角度来说，黄金定律[①]是17条成功法则中最重要的一条。尽管5000多年来，历史上伟大的哲学家们都在教授黄金定律，但在现代，大多数人还是将它看成某种高高在上、遥不可及的东西，觉得它只存在于传教士们所赞颂的完美世界中。

然而事实上，黄金定律学说建立在一个相当强大的法则基础之上，任何人一旦能做到充分理解并完全奉行的话，它就能帮助他与其他人建立起良好的合作关系。

众所周知，很多人都信奉着“礼尚往来，善恶有报”的为人处世之道。如果你诽谤了某个人，那么肯定也会有人在背后诽谤你。如果你赞美了某个人，那么也会有人为你大唱赞歌。如果在做生意的时候你让别人得利了，那么，你也将从其他人那里得利。

毫无疑问，这条法则也会有例外，但大多数时候它都是行得通的。物以类聚，人以群分。这是一条伟大的自然规律，宇宙中的每种物质、每种能量形式都在被这一规律影响和控制。**成功者会吸引成功者，失败者会吸引失败者。**什么事都无法好好完成的人通常会沦落到贫民窟，因为生活在那里的每一个人都是他的同类，即使天黑后他已经流窜到另一座陌生的城市也不例外！

黄金定律法则与“只管耕耘，莫问收获”法则有着相当密切的关系。因为物以类聚，为他人提供比你的所得要多得多的服务，这一行

---

① 黄金定律，即 golden rule，是一种与伦理有关的品德，积极面为“推己及人”，消极面为“己所不欲，勿施于人”。前者着重行善，后者告诫人不要做恶，又称“白银定律”，即 sliver rule。——译者注

为就很好地践行了今天我们所说的这条法则，而它也正是构成黄金定律学说的理论基础。

那些不计报酬肯付出劳动的人，最终都能吸引到不管你做事多还是少都肯支付高薪的人，对此我们是相当肯定的。通过上述法则我们便可知道，当大自然需要去支付别人应得的利益时，利滚利便是它的速度，一点付出就能换来巨大回报，从不含糊。

这一法则实在是太过基础、太过明显，且非常简便易行。但为何它不能为大多数人所理解和实践呢？这无疑是人性的奥秘之一了。存在于这一法则背后的一大可能性，即使想象力最丰富的人都可能无法想象到。一个人通过使用这一法则，便有可能揭开一个真正的秘密——让别人心甘情愿地按我们的意愿来帮我们做事的艺术。

如果你想要让某个人帮助你，那就先尽力找出那个有能力帮助你的人吧，然后以一种合适的方式，给予对方与你所需要的帮助等量的帮助吧。如果对方没有马上回报你，那你可以加大对他的帮助力度，不断地对他付出再付出，坚持不懈，直到最后他会出于不好意思而不得不回报你，给予你最初想要的那份助力。

通过先伸出手去与他人合作，你才能获得与他人的合作机会。

上面这句话值得你去品味一百遍，因为对那些想要获得成功的人来说，它里面包含着最强大的成功法则之一的要义。

下面这种情况有时也会发生，那就是：有时你为之付出的对象也许并不会给予你相应的回报。但请始终谨记下面这一要点：即使这个人不会对你回报些什么，但看到了你们之间交易行为的其他人，可能会出于伸张正义或是其他一些稍微自私点的动机，给予你应得的回报。

“无论播种的人是谁，土地的主人都能得到收获！”

这绝非一句单纯的说教，这是一个从实践中提炼出来的伟大真理，这一真理也是所有伟大成就的基石。无论你选择的道路是蜿蜒的羊肠小道还是一马平川，你生发出的每一个想法，你所做的一切行为，都会吸引到一群与你的想法、行为性质相一致的人，在适当的时候，他们都会聚集到你身边，共同组成一个集体。

这一道理屡试不爽。它就如同宇宙般永恒，它就如同万有引力定律一般始终在发挥作用。如果无视这一道理，只能证明你是个无知的人，或者是个冷漠的人，成为这两类人无疑会让你丧失获得成功的机会。

黄金定律学说其实就是孩子们应该被管教的真实理论基础。它同时也是成年人需要被管理的真实理论基础。通过简单粗暴的武力，或是借助不公平的环境因素，一个人也许可以不须理会黄金定律就能获得财富，很多人也确实是这样做的，但这种方式得来的财富不会给人带来快乐，因为不义之财会摧毁一个人内心的安宁。

思想是人类大脑中最富价值的产物。如果你能创造出有用的想法并把它们付诸实践，那么你就能凭借自己的付出收获你想要的一切。通过黄金定律而创造或取得的财富从不会让你心存愧疚，更不会让你良心不安或是破坏掉你内心的平衡。

福尔图纳蒂（Fortunate）将黄金定律作为自己企业的经营理念，他对这一理念深信不疑并身体力行，而无论从字面上还是比喻意义上，他的名字都能展现出这一理论的精神内核。

第　十　七　章

成功第 17 阶：健康的生活习惯

如果身体状况不佳的话，人类就无法一直保持长时间的活动状态。如果没有一副功能健全的身体，大脑也将无法正常工作。

现在我们已经讲到 17 个成功要素的最后一个了。在前面的章节中，我们已经了解到成功源于人的能力，能力是通过有目的的行为所表现出来的知识储备。如果身体状况不佳的话，人类就无法一直保持长时间的活动状态。如果没有一副功能健全的身体，大脑也将无法正常工作。想要通过其他 16 个要素达到成功状态的话，你就需要一副健康的身体将它们一一付诸实践。

良好的健康状况主要取决于以下几点：

1. 合适的食物和新鲜空气
2. 规律的消化
3. 适当地运动
4. 正确地思考

本章的主要目的并不是写一篇如何保持健康的论文，因为这是医生们（包括精神科医生）的任务。如果能注意到不良的身体状况通常都是消化不良的话，很多人就不会生病了。住在城市中并且食用加工食品的人将会发现，用一种健康的方式去消化自己摄入的食品是非常有必要的。头痛、行动迟缓、浑身无力以及精神倦怠等症状的发生，通常都是因为自体中毒，或是因为减肥不当而引发的肠中毒。

大多数人总是饮食过量，这种人如果能够每年采用“十日饮食疗法”（在这段时间里，他们需要限种类、限数量地摄入特定分量的食物）三次的话，他们就会发现这一方法是非常有效的。对所有不曾了解其健康价值的人来说，这种进食体验是其他所有饮食方法都无法带给你的。如果没有专业医疗保健专家指导，任何人都不应随意尝试节食、禁食或其他任何形式的食疗方法。

性能量助你塑造健康体魄

作为与本章内容联系紧密的理论之一，我决定将性能量的医疗价值做一个非常简短的说明和介绍。这一理论之所以成立的依据如下：

众所周知，思想是人体内蕴藏着的最强大的能量。

同样众所周知的是，担心、嫉妒和仇恨以及恐惧之类的消极思想会破坏人体的消化过程并引发疾病，而这也正是因为负面的思想抑制了我们体内某些腺体的正常分泌功能，要知道，它们所分泌出来的液体对我们的消化进程是必不可少、至关重要的。

消极的思想会造成人类神经系统的“短路”，神经系统以中央分配站——我们的大脑为起点，将神经能量（或者说是生命力）传递到身体的每一个部位，这种能量的天职就是帮助我们的身体吸收各种营养，帮助我们清除身体老化细胞并排出代谢后的废物。

性能量是在性接触时被激活的一种高度活跃、非常积极的能量，正因为它的这一特性，它能以迅雷不及掩耳之势横扫全身神经系统，解决我们体内任何一条神经线路上的“短路”问题，从而确保我们身体所有部位神经能量的正常流转。

性欲是人类情感中威力最强大的一种，积极释放这种情感的时候，人体内每一个器官、每一个细胞都能受其影响，正常发挥各自的功能。完全的禁欲是违背自然规律的，因为忽视了大自然为维护人类机体健康而设立的法则，那些无法理解这一道理的人最终会为自己的无知付出代价。

思想能控制人类所有的自发性行为。对这一说法，我们是否从来没有过异议呢？好吧，如果思想真的能控制人类所有的自发性行为，那么身体是否会反抗呢？或者说，是否会有某个东西能够对身体的自发性行为产生重大影响呢？

消极负面的思想，如恐惧、担心、焦虑等，不仅会抑制体内消化液的流动，还会使传输神经能量的神经线路“打结”。

积极正面的思想则可以将这些神经线路上的结一一解开，确保神经能量的正常通行。性欲则是这类积极思想中威力最强大的一种。这是大自然创造出来的“解药”。在性接触之后，一个人呈现出来的精神状态以及完全放松的身体状态都能为这一说法提供有力的依据。

一段简短的介绍就写到这里，我在上面所说的这些，应当成为本书读者对性这一话题进行某些理性分析的出发点。让我们对性话题抱有一种更开放、发散的态度吧！对这一话题的讨论是永无止境的，但大多数人却还处于尚未入门的状态。因此，对于我们知之甚少的某一主题，如果你没有对其进行一番富含智慧的深度思考，就请不要妄作评论。我们都知道，不管一个人是否贫困或是身体状况不佳，他一样可以很好地理解并掌握、运用性能量，所以这也是性能量成为人类目前已知的最强大的思想驱动力的原因之所在。

第　十　八　章

30种最常见的失败原因

你所拥有或是即将拥有的一切，无论好坏，都是受你的思想吸引而来到你身边的。积极的思想会吸引正面的、理想的东西，而消极的思想则会吸引到贫穷、苦难以及其他所有不为人所喜欢的东西。你的大脑就是一块磁铁，你所想要的一切，它都会精确地将之吸引过来。

通过阅读本书的前面部分，相信你已经对能够获取成功的 17 个因素有了初步的认识。现在，让我们将注意力转移到会导致人生失败的因素上来吧。查阅下面的清单，结合自身经历，也许你能找到造成自己做某件事时彻底失败或是遭遇暂时性挫折的原因。下列清单是基于对 2 万例失败事件进行精确分析而得来的，并且这组数据的来源还涵盖了几乎所有行业的男士和女士。

1. 不良的社会或家庭基础（这一失败原因位于本清单之首。先天有身体缺陷又不去接受医治，对个人来说是非常不幸的，而且也是种不负责任的行为）

2. 缺乏明确的人生目标，或是缺少能为之努力的明确奋斗方向

3. 缺少想要成为人上人的野心

4. 缺乏教育

5. 缺乏自律、不够机智，通常能通过放纵自己的各种欲望表现出来，如对性的欲望以及食欲等

6. 身体不健康，通常都是由可预防的因素造成的

7. 童年时的不良生长环境，那时正处于性格形成期，很容易养成不健康的身心习惯

8. 做事喜欢拖延

9. 对个人的失败缺乏承担责任的毅力和勇气

10. 消极的性格

11. 缺乏明确的性冲动目标

12. 难以抑制不劳而获的欲望，通常表现在对赌博的爱好上

13. 缺乏决策力

14. 本书前面提到过的一种或多种基本恐惧

15. 婚配时对配偶的选择不当

16. 过分谨慎，以至于破坏了做事的积极性和自信

17. 做生意时对合伙人、员工的选择不当

18. 迷信与偏见，通常可以归结为对自然法则的无知

19. 职业方向选择有误

20. 能量过于发散，可归结为对精力集中法则的无知，结果造成了我们通常所说的“万金油”

21. 缺乏节约的习惯

22. 缺乏热情

23. 没有耐心

24. 饮食、饮酒以及性行为过度

25. 无法与他人和谐共处、团结协作

26. 没有通过个人努力就获得了财富，例如通过继承财富或是处于某个与其个人能力不相符的强势工作岗位上

27. 不诚信

28. 自私以及虚荣

29. 热衷于猜想而非思考

30. 资金短缺

有些人可能想知道为什么“资金短缺”会被放在清单的末位，原因其实无外乎任何一个能符合上面 29 个失败原因的人，通常都会有足够的资金去做自己的事业。

上述清单囊括了所有会引起失败的原因，但它基本涵盖了常见的一些原因。有些人可能会想着把“运气不好”也放入这个清单，但我们对此的解释是，运气或者说机会法则，只属于能够理解并熟练运用 17 条成功因素的那一小拨人。但很显然，有些人永远也没有机会去掌握这 17 条成功因素，所以我们必须承认，运气或是不利的机遇，有时也算是一个失败的原因吧。

那些倾向于把自己的失败归因于环境或运气的人，都应该谨记拿破仑那句特别直率的名言：“去他的命运。我命由我不由天！”

大多数情况下，**所谓的环境和不佳的运气及其带来的后果，其实都是你自己造成的。**所以这点我们也同样要谨记在心。

下面要说的这些话都是事实，同时它也是一段自我剖析，值得你铭记。为全世界数不清的人提供过实用服务信息的成功学学说，很大程度上是我总结了自己将近 20 年的所谓的失败人生经历而逐渐形成的。在成功学法则的进阶课程，即“失败乃成功之母”这一章中，学习者们会知道我也曾经历过若干的失败、挫折，甚至有过较长一段时间的逆境，这种情况发生了太多次，以至于有人会猜测我会不会完全崩溃并狂呼“幸运之神根本就不会眷顾我”！七次大的失败以及更多数不清的小挫折让我简直无法承受，但它们同时也为太多后来人（包括我）所学习的成功学奠定了基础！坏运气一样可以为我所用，而且还能发挥其特定功能，全世界现在都在用实实在在的金钱奖励这个发现了“运气也可以转变，失败也能给人带来财富”这一正能量的人！

“每个人身上都仿佛装有一个命运之轮，它的运行机制就是阻止这个人一直处于心想事成、万事如意的状态。”

确实是如此！**生活确实就好比一个轮环，它始终处于连续转动的状态。如果这个轮环今天给你带来的是不幸，那么明天它带给你的也许就是好运了。**如果这一机制不成立的话，成功学里的各项成功法则也将同样沦为镜花水月，让人徒留虚幻的一丝希望。

我曾被人告知，一生都只会是一个失败的人，因为出生的时候就有丧门星预兆了一切！那么这颗星星带来的厄运一定是能被什么事情化解的吧，而且这件事还确实发生了！“这件事”其实就是指能够明辨人生道路上的阻碍并消除这些阻碍的能力，这一能力再经提炼便是“能够理解和运用成功学”了。如果这 17 条成功法则可以帮助我对抗早就被预言的厄运，那么它们将同样适用于你，同样适用于任何一个人！

将我们人生中的不幸归结于星星，其实也从另一个方面说明了我们的无知和懒惰。真正会给你带来不幸的星星只会存在于你的大脑中。你若在大脑中执着地抱有这个傻念头，那么它就会横亘在你与成功之间，让你永远也到达不了成功的彼岸。

如果你真的想找出你身上的坏运气和所有不幸的成因，那就请不要再继续仰头问天，照照镜子就够了！你自己就是你命运的操盘手。你自己就是你心灵之舟的掌舵人。这一切都是因为你才是能独自掌握自己思想的人，而你的思想会刺激你去形成一个直接指令——凝聚起自身全部的力量，用尽心思去解决当前要面对的一切困难！因此，一个喜欢将自己遇到的麻烦归因于星宿的人，其实是在挑战人类智慧的存在，或是在挑战上帝的存在，如果你更喜欢这一说法的话。

思想的力量之谜

在纽约百老汇大街与第 44 大街交会处，我的工作室前方，矗立着的就是议会大厦。这样一幢高大雄伟、能给人留下深刻印象的建筑每天都提醒着我们去反思人类思想的伟大力量。

来，站到我工作室的窗前来，让我们一起来研究研究这幢现代化的摩天大楼。如果可以的话，请告诉我，这幢大楼是由什么构成的呢？也许你会在第一时间对我说：“哎哟，不就是由砖、钢梁、玻璃和木材建成的咯。”你的回答也算正确吧，但不够全面。

砖和钢铁以及其他建筑材料都是建成一幢建筑物所必不可少的，但在将这些建筑材料全部堆放到建筑物建造地址之前，我们可以这样说，完全是另外一种材料在构筑着这幢建筑物。这种材料由阿道夫·朱克在他的思想意识中始创，它就是被后人称为“思想”的这么一种无形的物质。

你所拥有或是即将拥有的一切，无论好坏，都是受你的思想吸引而来到你身边的。积极的思想会吸引正面的、理想的东西，而消极的思想则会吸引到贫穷、苦难以及其他所有不为人所喜欢的东西。你的大脑就是一块磁铁，你所想要的一切，它都会精确地将之吸引过来。如果你脑海里想着的是贫穷和失败的话，那么你的大脑将永远无法吸引到成功。

所有人都是受到其内心主导思想的影响而进入现在的处境，这一点就如同昼夜更替一样无法改变。只有思想是你能够绝对控制的，这个被我反复述说的事实有着重大的意义。其他，如你所拥有的金钱或是爱情以及友谊等，都是你无法完全控制的东西。刚刚来到这个世界的时候，你是一无所有，什么也干不了的，对于你接下来要走的路，你也无从掌控。一旦你有了自己的思想，你就可以按自己的想法来做事。受外界环境以及身边人所给的建议的影响，你可以让自己的思想无比积极，或者也可以让自己变得消沉。上帝给了你对自己思想的最高控制权以及这份权力所带来的责任，现在你要做的，就应该是充分地将它利用好。

在你的思想中，你可以自行设计出一幢伟大的建筑物出来，它可以像我的工作室前方的那幢摩天大楼那样，然后你要做的，就是将这幅图画变成现实，就像阿道夫·朱克所做的那样，因为他用来建造议会大厦的那种材料，我们每个人都有，每个人都用得上！此外，它还是免费的。你唯一需要做的，就是调试好你的大脑思想，让它发挥出自身的功用。这种很普遍的材料就是我们前面提到过的——

思想的力量。

成功与失败之间的差异，很大程度上其实就是积极思想与消极思想之间的差异。消极的思想永远也无法吸引财富的到来。物以类聚。没有什么东西能像成功那样迅速地吸引到更多的成功。贫困只会引发更大范围的贫困。做一个成功的人，整个世界都会为你的进一步成功而让路，整个世界都会帮助你走向更进一步的成功。而一旦你被贴上了贫困的标签，那么整个世界都将不再认可你的价值。当你很富有的时候，即使你并不需要，你也一样可以从银行贷款出来，但当你陷入了贫困或是急需用钱的时候，你再去试，肯定就没有那么顺利了。你就是自己命运的主宰者，因为你手上掌握着可以改变或是扭转自己命运的东西——思想的力量。将这个伟大的真理深深植入你的意识之中吧，希望本书也能被标记为你生命中最重要的一个转折点。

写给那些尝试过却失败了的人

如果将这本肩负着给人提供灵感的书匆匆出版却不附上这篇文章，我是绝对不会满意的。因为本文是专门写给努力奋斗过但“失败了”的那群人的。

失败！人们对这个词的误解实在太深了！因为对这个词语的误解，人们产生了多少的胡思乱想、多少的痛苦、多少的贫困和伤痛啊！

就在几天前，我站在离自己的出生地不远、肯塔基山脉一块毫不起眼的山间平地上，在那里，曾降生过一个十分著名的“失败者”。在他还相当年轻的时候，这个“失败者”参军并成为一名上尉。

他的战绩实在让人失望，所以他被降职为下士并最终以士兵身份被遣送回家了。

他做过测量员，但他发现这份工作无法养活自己，很快他就变卖了自己的那些测量工具用以还债。

接着他又做起了律师，但他接不到几个案子，即使接到了，大多数时候因为能力有限，他接的案子也是以败诉告终。

他与一个年轻女孩缔结过婚约，但中途他改了主意，所以他最终没能出现在自己的婚礼上。

之后他投身政坛，并抓住机遇当选为一名国会议员，但他的人生经历过于平凡单调，所以支持率非常一般。他着手做的任何一件事都只会给自己带来耻辱与失败。

然后奇迹发生了！一段伟大的爱情走进了他的生命，尽管他爱上的这个女孩的各项条件与他存在巨大的落差，但深沉的爱意使得这个无足轻重的小人物开始与自己一贯的失败者角色设定搏斗。在他 52 岁的时候，他终于成为历届入驻白宫的总统当中最伟大、最受人爱戴的一位！

利用思想的力量，你可以成就一个人，也可以毁灭这个人。如果一个人被某种伟大的成功动机驱动并产生了灵感，那么失败在一夜间也可以被扭转为成功。在前面的章节中，我已经描述过八种基本驱动力可以促使一个人拿出行动来走向成功。而爱就是其中一种。

亚伯拉罕·林肯对安妮·拉特利奇的爱使他由平庸变成了伟大。在拉特利奇去世的时候，林肯从自己深深的悲痛中终于认清了自己。

亨利·福特一度是这个世界上最富有同时也最有权势的人。他战胜了这世上很多人都不曾经历过的贫困、文盲以及其他一些人生困境。尽管他早期的传记从来没有提到过她的名字，但他的成功也是被一位真正伟大的女性的爱所激发的，而那位女士就是他的妻子。

每一辆福特汽车、福特的亿万家财、每一家福特工厂以及福特为了人类美好生活而创造出的一切，可能都可以成为成功学法则存在的合理依据，因为福特就是把成功学学以致用的最佳学员。超越了其他所有理论或实际来源，他一生的成就足以证明成功学是一种客观存在的事实。

所有成功的种子都沉睡在明确的动机当中！

没有去达成目标的强烈欲望，没有八个基本动机中的一个或更多个动机的驱动，一个人永远也无法成为天才。

受高度发达的性能力驱使，拿破仑成为他那个时代的一位领袖人物。而他那不光彩的人生结局则是因为缺少了 17 个成功因素中的两项，即自我控制和黄金定律。

几乎在与我创立成功学学说的同一时间，李斯特·帕克开始进入电影行业。由我所写并发表在纽约一家报纸上的社论，讲述了将帕克先生从一个自封为“失败者”的人转变为一位著名成功人士的奇迹。现在，就让我将这篇社论全文复制并作为本章的结尾吧。

另一个奇迹

在大约25年的时间里，我一直在学习、研究并对人类进行分析。我的研究让我接触了超过2万名的男士和女士。因为与其他人存在显著差异，所以有两个人从这大批研究对象中脱颖而出。他们分别是亨利·福特和李斯特·帕克。

福特先生的平均分（对照符合成功法则的比例多少而得出的综合评分）是95%。李斯特·帕克的平均分则是94%。当我首次对亨利·福特进行测评的时候，他符合17条成功法则的比率不过是67%。他的得分能够从67%上升到95%，这无疑是个巨大的成就，但相比在几周时间内发生于李斯特·帕克先生身上的转变，福特先生恐怕也要败下阵来。

当我第一次测评帕克先生的时候，他的平均分仅45%。但不到一个月，当我对他进行第二次测评的时候，天啊！简直不可思议！17个成功因素中，有两大最重要因素的评分，他直接从0分变成了100

分不说，其他几个因素的评分也有了惊人的提升！

一份全面的支持与认同

对李斯特·帕克在能够创造权势和财富的两大成功因素上的评估进行分析，我们就能看出，许多成功学说继承人一贯秉承的那个信念，帕克先生是全面支持与认同的，即所有的成功都仅仅是一种心态，人们是被抬升到权力宝座顶端还是被遗弃在最底层，这一切只取决于他们能否扬起自己身上那对思想的翅膀！

单独监禁

李斯特·帕克曾经是美国电影界最为活跃的高管之一。他的名字一向与本行业内的大财阀紧密相连。但有一天，他的精神世界突然啪地一下短路了。他发现自己无法控制住自己了。他的自信心骤然降到冰点，并且感觉自己找不到一个明确的人生目标，于是他切断了自己与以前那些同行的联系，从而也就使得自己失去了一项最重要的成功法则——领导智慧（回忆一下，它是由两种或两种以上的思想为了达到某个明确目标而在完美、和谐的氛围中形成的一种思想综合体）。

几年来，帕克就如同被监禁在一个四面不见光的黑暗地牢中。这个地牢就是他的内心思想，而打开他紧闭心门的钥匙则一直握在他自己手上！

命运之轮

前一段时间，我在纽约的沃尔多夫·阿斯托亚酒店教授了一堂有关成功法则的课程。机会之轮发生了奇怪的扭转，或者说“命运之轮”开始转动了——李斯特·帕克正好是这门课程的学员之一。在我的第一场演讲的前半个小时里，李斯特·帕克的想法就在电光石火间发生了巨大转变！我用来陈述自己观点的某个句子就像一把钥匙，瞬间打开了他关闭已久的心门，他终于走了出来，随时准备着冲出去像几年前那样驰骋职场，发挥自己的能量！这样一个转变不是想象。它不光是真实的，而且是彻头彻尾的！

一语点醒梦中人，内心焕然一新的李斯特·帕克在短短两周的时间内就为重新开始大展宏图而完成了一切准备工作。我所说的他“完成了一切准备工作”是什么意思，你懂的！他这笔启动资金的来源相当广泛。他事业全盛时期所认识的那些制片人朋友如同被施了魔法一般，纷纷出现在他的周围，每个人都在热烈欢迎着他这个失散已久的好兄弟！他的人生梦想将变成一个活生生的、令人心潮难平的现实。

一个现代奇迹已然发生

这个奇迹让我欣喜若狂，因为它再一次证明了我的心血结晶——成功学法则注定可以将数以百万计的像李斯特·帕克这样画地为牢的人，从绝望的心灵黑牢中解放出来。许多年前，因为安德鲁·卡内基给我的启发和建议，我开始了一段长时间的研究工作。他的那个建议为我的成功学法则打下了基础。我眼见这个法则给无数人带来了心灵的自由，以后它还能帮助多少人获得自由，我不得而知，因为成功学已经在全世界所有的文明国度得到了研究和传播，而那些地方我还没能一一亲身抵达并与那些研究学者进行交流。

相比那些爱挑刺的人全部聚集到一起所形成的能量，一个将单纯美好的思想灌输给世界上其他人的人，通过自己这样一种行为，所提供的正能量显然更为伟大。

多年前，当我预言亨利·福特某一天一定会成为这个世界上最有权势的男人时，其实当时的情况多少令我有些尴尬，因为在福特身上，暂时还看不到一丁点他将成为世界首富的迹象。好在我站在这则预言背后，在有生之年还是看到了它变成现实。

这是一个行动的时代

总结本书中描述的 17 个成功因素我们便会发现，成功建立在能力基础之上，而知识借由行动所表达出来的东西即为能力，如果读者们能够始终牢记上述事实，那么你就可以更好地把握整个成功学学说。

本书还对能够刺激人类将思想转化为行为的主要促进因素做了描述。17 个成功因素的主要目的就是为我们提供一个切实可行的计划和方法来妥善利用好这些刺激物。

细致的分析向我们透露出一个令人匪夷所思的真相：**对智商、情商都高于常人，成就卓越的人来说，通常一个简单的事件或一段看似普通的人生经历，都会因为某些细节的存在而对他产生显著影响。**

成功的法则，即本书中描述的 17 个成功因素，不仅向我们提供了目前已知的所有能够激发个体产生最强烈事业心的方法，而且还为我们提供了为实现事业目标而必备的勇气。

天将降大任于斯人，必会让他历经更多苦难，这点是毫无疑问的。我的目的就是向他人提供一份实用的精神兴奋剂或灵感来源，它可以用来帮助一个人建立起更伟大的雄心壮志，并为其实现这种雄心壮志提供行为驱动力。

人的一生大约有 95% 的思维能量仍处于未开发状态。我们成功学的主要目标就是唤醒你脑海中沉睡的那 95% 的思维能量，让它们能发挥出应有的作用。究竟要怎样去发挥呢？请在你的脑海中深深植入某个强烈的行事动机，并将它付诸实践吧！请走出自己的小天地，与其他人多多接触吧，让彼此的思想共振，新的思想会带你走向新的人生之路！